정토 가는 길

정토 가는 길

초판 1쇄 인쇄 2021년 10월 1일
초판 1쇄 펴냄 2021년 10월 8일

지은이.   《법보신문》편집부
발행인.   정지현
편집인.   박주혜

대표.   남배현
마케팅.   조동규, 김관영, 조용, 김지현, 서영주
구입문의.   불교전문서점 향전(www.jbbook.co.kr) 02-2031-2070~1

펴낸곳.   (주)조계종출판사
서울 종로구 삼봉로 81 두산위브파빌리온 831호
전화 02-720-6107 | 팩스 02-733-6708
출판등록 제2007-000078호(2007. 04. 27.)

ⓒ《법보신문》편집부, 2021

ISBN 979-11-5580-166-6 03220

정토 가는 길

조계종
출판사

.
.
.

세상을 맑히는 연꽃처럼

오늘은 기쁘고 환희로운 날입니다. 코로나19로 힘든 시기임에도 불구하고 아름다운 삶의 모습으로 희망을 주고 있는 신행 수기와 발원문 수상자들을 한자리에서 볼 수 있기 때문입니다. 인고의 시간 속에서 불연佛緣을 만나 부처님의 가르침에 의지하여 어려움을 극복하고, 세상에 향기로운 법향을 피워낸 수상자 여러분이 시대의 진정한 불자이며, 세상을 맑히는 연꽃입니다.

어느덧 중앙신도회가 주최하고 법보신문과 불교방송이 주관하는 조계종 신행 수기 공모전이 올해로 8회째가 되었습니다. 매회 수상자들의 사연이 소개될 때마다 느꼈던 감동들은 잊을 수가 없습니다. 암울한 상황과 절망적인 환경을 기도와 수행, 부처님의 가피로 이겨낸 인욕과 정진의 사연들은 인생의 교훈을 넘어서서 참된 불자의 길이 무엇일지 일깨우고 있습니다. 경전 속 부처님 말씀이 이론이라면 수상자 여러분들의 삶은 부처님의 말씀을 현실이라는 세상에서 입체적으로 빚어낸 불법의 꽃봉오리들입니다.

　인간의 삶이라는 것이 살다 보면 다들 비슷하고 고만고만하게 여겨집니다. 그러나 돌이켜보면 같은 삶이란 없습니다. 삶은 언제나 개개인의 길이며 다른 사람이 대신 할 수 없는 각자의 몫이기 때문입니다. 부처님께서는 우리에게 행복으로 가는 길을 보여주셨지만, 그 길을 걷는 수고로움은 결국 우리 개개인의 의지에 달려 있습니다. 오늘 이 자리에 수상자로 참석하신 분들은 부처님의 가르침을 그저 듣는 것에 그치지 않고, 비바람 몰아치는 벌판에서 좌절하지 않고 불연을 등불 삼아 뚜벅뚜벅 걸어 마침내 꽃을 피워낸 인생의 승리자들입니다. 이번에 당선작으로 선정된 발원문 또한 우리 불자들이 어떤 마음과 서원을 품고 이 세상을 살아가야 하는지 그 이정표를 제시한 위대한 기도문이었습니다.

　달이 천 강에 비치는 모습을 월인천강月印千江이라고 했습니다. 부처님의 자비가 만천하를 비춘다는 의미입니다. 달을 품고 있는 무수한 강물처럼, 여러분의 삶 또한 부처님의 가르침을 담고 있는 천 개의 강물입니다.

　코로나19로 우리는 참으로 어려운 세월을 보내고 있습니다. 그럼에도 좌절하지 않고 용기를 낼 수 있는 것은 아름다운 삶을 살고 있는 많은 분들이 있기 때문입니다. 탁한 물일수록 더욱 영롱하고 청명한 연꽃이 피어나듯이 세상이 어려울수록 우리에게 보살의 삶은 더욱 가까이 있습니다.

제8회 대한불교조계종 신행 수기 공모에 신행 수기를 보내주신 많은 불자님들에게 감사의 말씀을 드립니다. 그리고 수상자 여러분에게 다시 한번 축하의 말씀을 드립니다. 이 자리를 마련해주신 중앙신도회, 법보신문, 불교방송 관계자 여러분의 노고를 치하드립니다. 오늘 이 자리가 불자로서의 자긍심을 갖고, 또한 불퇴전의 신심을 갖는 마중물이 되기를 바랍니다.

원행(대한불교조계종 총무원장)

불법의 가느다란 빛줄기를 향해

먼저 오늘 제8회 대한불교조계종 신행 수기 공모전 시상을 위해 참석해주신 총무원장 원행 큰스님을 비롯한 여러 사부대중께 감사의 인사를 드리며, 이번 공모전에 당선되신 수상자 여러분, 진심으로 축하드립니다.

더불어 8년째 이 자리를 함께 준비해 주시는 법보신문과 불교방송 관계자 여러분과 용기 있게 자신의 이야기를 들려주신 모든 참가자분들께도 감사의 인사를 드립니다.

오늘 우리는 여러분들이 꾹꾹 눌러 쓴 글들에서 불법이라는 고귀한 가르침을 만나고 있습니다. 오로지 부처님의 가르침에 의지해 우직하게 걸어가는 신심 깊은 참된 불자의 모습을 마주하고 있습니다. 아무것도 보이지 않는 암흑 속에서, 저 멀리 보이는 불법의 가느다란 빛줄기를 향해 손을 뻗는 여러분들의 모습이 눈앞에

그려집니다.

그래서 신행 수기는 개인이 겪은 신행의 체험을 뛰어넘어 누군가에겐 절망과 시련 속 따뜻한 위로가 되며, 참된 불자의 길을 안내해주는 환한 등불이자 올바른 방향을 제시하는 삶의 지표가 됩니다. 이런 여러분들의 이야기가 보다 많은 이들에게 닿아 참된 신심과 가피가 이 땅에 널리 퍼지길 기대해봅니다.

끝으로 올해의 주인공들에게 다시 한번 축하의 말씀을 드리며, 앞으로도 신행 수기 공모전이 더욱 발전하여 불자들의 신심 고취와 바람직한 신행 문화에 계속 기여할 수 있도록 발원해 봅니다. 감사합니다.

주윤식(대한불교조계종 중앙신도회장)

정토 세상을 만들어가는 마중물이 되기를

올해도 변함없이 부처님의 가피와 불법의 소중함을 진솔하게 담아낸 신행 수기들을 마주하게 되어 무척 기쁜 마음입니다. 등불처럼 빛나고 금강석처럼 옹골찬 신심의 결정체를 담담히 펼쳐, 당선작의 영광을 안은 수상자들에게도 축하의 말씀을 드립니다.

　부처님의 가르침을 전하고 소중한 불연을 맺도록 이끌어주는 일은 이제 사부대중 모두가 힘써야 할 가장 중요한 불사가 되었습니다. 이러한 때 불자 한 사람, 한 사람이 전하는 불연의 이야기는 경전의 가르침과 대덕 스님들의 법문을 이어 불자들의 가슴에 깊은 울림으로 다가섭니다. 간절한 기도정성으로 빚어낸 불자들의 이야기는 현대인들에게 가장 친숙한 포교의 방편이며, 원만자재한 포교 콘텐츠입니다. 이미 불연을 맺은 이들에게는 불퇴전의 원력을 세우는 주춧돌이 될 것이며 아직 인연을 맺지 못한 이들에게는 새로운 삶의 길을 제시하는 등불이 되어줄 것입니다.

《보현행원품普賢行願品》에는 남이 짓는 공덕이 있으면 함께 기뻐할 것을 당부했습니다. 신행 수기를 통해 펼쳐진 불자들의 신해행증信解行證을 함께 찬탄하며 나누는 자리야말로 수승한 공덕이 가득한 환희로운 법석입니다.

올해로 8회째를 맞이하는 대한불교조계종 신행 수기 공모전에 입상한 수기들에서 불자님들의 신심과 원력이 더욱 단단해졌음을 느꼈습니다. 특히 불보살님을 향한 지극한 신심과 개인 및 사회를 향한 간절한 서원의 마음을 담아낸 〈발원문〉에서는 부처님의 가르침을 배우고 실천하려 노력하는 불자님들의 진솔한 마음을 엿볼 수 있었습니다. 자신은 물론 이웃과 사회의 고통을 향한 자비심이 가득 담긴 신행 수기와 발원문들은 지금 살아가고 있는 이 공간을 행복으로 물들이는 진심 어린 기도였습니다. 기도는 불보살님들에 대한 찬탄으로 시작해, 불보살님들의 가르침을 배우면서도 그대로 살아가지 못한 자신의 삶에 대한 참회로 이어졌습니다. 더 나아가 자기 잘못에 대한 참회에 그치지 않고 부처님의 가르침대로 살아가고 회향할 것을 다짐하는 발원으로 이어져, 불자의 삶이 어떠해야 하는지를 오롯이 보여주고 있습니다.

수상자들이 몸과 마음으로 써 내려간 진솔하고 맑은 신심의 결정체들이 한 권의 책으로 불자들을 찾아갑니다. 이 책을 통해 또다시 많은 불자들이 발심하고 기도하고 수행하며 부처님의 가피와 무한자비를 경험하고 체득하게 될 것입니다. 수상작들에 담겨 있는 신행과 수행의 결정체들이 다시 불자들의 가슴에 법사리로 맺혀 정토 세상을 만들어가는 마중물이 되기를 간절한 기원합니다.

김형규(법보신문 대표)

차례

百劫積集罪　一念頓蕩盡
백 겁 적 집 죄　일 념 돈 탕 진

如火焚枯草　滅盡無有餘
여 화 분 고 초　멸 진 무 유 여

백겁토록 쌓은 죄업들은

참회하는 한 생각에 사라지니

마른 풀을 불태우듯

남김없이 소멸되네.

ㅣ

《천수경》

부처님과의 인연

안심주 김분애

"용왕전에 가자!"

"네? 용왕전이 어딘데요?"

"날 따라와라."

"왜요?"

"너는 절에 가면 반드시 용왕전에 가서 절을 해야 한다."

"왜 거기서 절을 해야 하는데요?"

"너희 신랑이 '용띠'라서 너는 절에 가면 반드시 '용왕전'에 절을 해야 한다."

이런 대화들은 제가 결혼하면서 시어머님과 부처님오신날을 맞이하여 가까운 사찰에 갔을 때 나눈 대화 내용입니다.

저는 결혼 전 종교가 기독교였기에 교회를 10여 년 정도 다녔습니다. 중학교, 고등학교, 청년예배에도 참석하였고, 성가대에서도 열심히 활동했습니다. 친정어머니께서 믿고 계시는 불교에는 무속신앙이 가득하였고, 그 무속신앙을 배제하고 싶었던 저는 기독교에 발을 들여 놓게 되었습니다. 항상 밝게 저를 맞이하여 주시는 목사님과 여러 선배님들의 관심은, 8남매의 여섯째 딸로 태어나 늘 관심에 목마르고 사랑받고 싶다는 생각이 많았던 저를 충족시켜준 것 같습니다. '주님'을 향해 믿고 맡기는 기독교에서 나름 저는 행복했습니다. '나'라는 존재도 인정받는 듯한 환경이었고요……

그런 제가 늦은 나이에 만난 지금의 남편은 어릴 때부터 어머님이 절대적인 무속신앙을 신봉하고 있는 가정환경 속에서 중학교, 고등학교, 대학교 시절에 불교 활동을 거치고, 불교에 대해 상당히 깊이 있게 아시는 분이라는 것을 결혼 후에 알게 되었습니다. 대학교 시절 아르바이트를 하면서 손을 다쳐 지체 4급의 신체장애를 받은 상황이었고, 저는 나름 '저런 장애인인 분을 내가 결혼해주지 않으면 누가 결혼해줄까?'라는 생각에 부모님의 반대를 무릅쓰고 결혼한 상황이었습니다. 결혼해서 보니, 어머님의 남동생이 이혼 후에 두 남매를 데리고 어머님 전셋집에서 함께 살고 있는 상황이었습니다. 남편과 어머님이 결혼이라는 것을 거짓으로 꾸몄다고 생각하니, 더욱더 시댁이라는 곳을 마음 내면에서 배척하고 싶었는지도 모릅니다.

그런 저에게 무작정 절을 하라는 시어머님의 말씀에는 왠지 거부반응이 들었습니다. '내가 불교니까 우리 며느리도 불교여야해'라는 어머님의 고집과 그런 강제적인 종교 강압은 제게 자꾸만 거부반응을 일으켰습니다. 무조건 법당에 절을 하라는 시어머님께는 도대체 수긍이 가질 않고, 자꾸만 시댁에 대해서 좋지 않은 감정만 쌓여갔습니다.

'왜 이유도 없이 저런 것을 보고 절을 하라는 거야?'

'왜 법당이라는 곳에 들어가면 정문이 아닌 옆문으로 들어가야 되는 거지?'

'그리고 절하는 곳은 왜 이렇게 많은 거야?'

'왜 절을 세 번 해야 하는 거지?'

'부처님이라는 분은 어떤 분이신 거야?'

'미신을 조작하고 있으신 분은 아닌가?'

'그리고 불교는 왜 이렇게 슬프고 어두운 거지?'

'곳곳에 돈을 넣어야 하네?'

이런 의문점으로 가득 차 있었습니다.

그러다 보니 시어머니께서 무작정 권하는 '부처님 형상을 보고 절을 하라'는 의식은 제게 큰 반감을 불러왔습니다.

'이렇게 절해라, 저렇게 절해라. 싫습니다. 왜 절을 해야 하나요?'

30세에 혼자되셔서 삼 남매를 키우신 어머님의 고집과 35세에 결혼한 제 고집이 맞부딪치면서 몸과 마음이 힘들어지고 있었습니다. 더불어 남편도 힘들어하고 있었습니다.

그러던 중에 어머님 동생이신 시외삼촌께서 남매를 남겨두고 교통사고로 세상을 뜨는 불행한 일이 일어났습니다. 그 사건으로 저희는 3년간의 시댁 살림에서 분가하여 오롯이 나만의 가정을 이루었습니다. '기독교! 불교!' 중에 고민하던 중, 불교라는 것에 대해 고민을 하는 시간이 생겼습니다. 남편의 진실한 태도가 제게 불교에 관심을 가질 수 있는 계기가 되었기도 했습니다.

'저런 진실한 분이 불교라는 것을 가까이할 때는 분명히 무슨 가르침의 내용이 있을 것이다. 그 가르침을 알고 나서 거부를 하더라도 하자'라는 생각에 가까운 사찰에서 진행하고 있는 불교대학에 들어갔습니다. 1년의 가르침을 받으며 절은 왜 해야 하는지, 불교의 가르침은 무엇인지, 왜 산신각이 있는지 등을 여러 도반들과 이야기를 나누고 지도교수님들의 말씀을 듣다 보니, '아하! 그렇구나?'라는 생각이 들었습니다. "아! 불교라는 것은 '부처님 형상'에 있는 것이 아니라 부처님 말씀으로 마음공부를 하라는 것이구나?"라는 생각을 가지게 되었습니다.

항상 나의 주인님은 '주님!'이라는 생각을 품었던 나에게 '모든 것은 내 마음먹기에 따라 달라지고 나의 생각과 행동은 이 모든 것의 주인인 내가 행동하고 책임져야 한다'는 부처님의 가르침은 제 행동에 큰 변화를 주었습니다. 더불어 제 주변에도 큰 변화가 생기기 시작했죠!

우선 제가 몸담은 시댁! 시어머님과의 변화가 시작되었죠! 결혼 후, 어머님에 대한 원망과 미움으로 가득 찼던 나! 그 '나'가 나를 힘들게 하고 가정을 힘들게 하고 나와 주변을 불행하게 하는 것이 보이더라고요. 우선 어머님과의 이런 감정선의 매듭을 풀어야겠다는 생각이 들었습니다.

시어머님이 너무 미워 전화기에 이름을 '할매탕구'라고 기록해 두었습니다. 그러다가 어느 날 사랑스러운 제 아이가 전화기를 들고 오면서 "엄마! 할매탕구가 누구야?"라면서 "할매탕구한테서 전화왔는데?" 하는 것이었습니다. 순간 말문이 막혔습니다. '허걱!' 그렇습니다. 나의 이런 감정선을 아이는 보고 있었습니다. 나의 이런 행동들을 보면서 자라고 있었습니다. 나의 행동에 변화가 필요했습니다. 우선은 마음 밑바닥부터 어머님에 대한 미운 감정과 원망의 마음을 정리하기로 했습니다. '이런 미운 감정을 어떻게 풀어가야 할까?'라는 고민 상담을 스님께 하게 되었고, 우선은 108배를 해보라는 말씀을 들었습니다.

어머님과의 이런 미운 감정선에 108배의 원을 21일 동안 세웠습니다. "어머님, 사랑합니다"라는 발원으로 기도를 시작했습니다. 그런데 왈칵 쏟아지는 눈물! 한동안 엎드려서 펑펑 울었습니다.

내 마음을 들여다보았습니다. 아직도 어머님에 대한 감정이 쭉 뻗은 아스팔트가 아니라, 자갈밭처럼 울퉁불퉁한 내 마음이 보였습니다. '내가 왜? 내가 왜 이렇게 엎드려서 어머니를 위해서 기도를 해야 해?'라는 마음이 밑바닥에서 올라왔습니다. 올라오는 그 분노를 뒤로 하고, 계속 108배를 하고 마무리 단계에 들어가니 가슴에 아주 미약하게나마 작은 느낌이 오는 것을 느꼈습니다.

나도 모르게 "감사합니다"라는 말이 나왔습니다. 그러면서 내 행동을 변화시켜야겠다는 생각에 전화기에 등록된 어머님 이름을 살짝 '관세음보살님'이라고 기록했습니다. 하하하. 그랬더니 점차적으로 관세음보살님이 어머니로 보이는 것이 아니겠어요……. 세상의 모든 두려움을 없애주시고 모든 것을 다 품어주시는 관세음보살이 우리 어머님으로 보이니, 저 성불받았다는 표현이 맞는 거죠?

한 번, 두 번 어머님을 모시고 사찰을 방문하면 법당에 함께 들어가 절을 합니다. 그 기도가 무엇인지 모르지만, 어머님께서 제게 어떤 것을 원하는지 모르지만, 묵묵히 함께 《천수경》과 《금강경》을 읽고 나오면서 공양을 합니다. 그러면서 그전에는 어머님과 함께하는 것이 짜증이 많이 들어 있었는데 조금씩 측은지심이 생기더라고요……. '얼마나 힘드셨을까? 얼마나 억척으로 생활해야 했을까? 그러다 보니 고집과 아집이 생겼고 그것이 생활방식이 아니었을까?'라고 어머님 입장에서 생각해보는 여유도 생겼습니다.

그러다가 두 번째로 남편을 위한 기도를 했습니다. 항상 힘든 어머니 눈치 본다고 큰소리 한 번 내본 적이 없는 남편! 자식을 위해서 내가 희생했다고 말씀하시는 강한 어머님의 눈물 앞에서 자신의 뜻을 내세워보지도 못한 남편! 이런 남편의 모습은 제게 답답한 마음을 들게 하였고, '삼십이 넘어서 어떤 결정권도 제대로 행사하지 못하고 있는 이 사람, 도대체 뭐야?'라는 원망의 마음이 들어 이런 남편을 위해 '내 부처님'이라는 원을 세워 아침마다 《천수경》을 읽고 사경을 했습니다. 한 권, 두 권, 세 권……. 그러다 보니 궁금한 것이 하나씩 생겨났습니다. 그것이 늘어나면서 남편과도 이야기 나누는 시간이 많아졌습니다. 부처님 말씀에 깊이를 가지고 있던 남편과의 이야기가 제게는 참으로 많은 깨달음을 주었습니다. '아하! 그렇구나? 이것이 불교구나?'

그동안 내가 생각했던 '종교'라는 것은 내 마음의 지표처럼 자리 잡고 있어야 한다는 생각이 들었습니다. '부처님은 멀리 계신 것이 아니라 언제나 바로 옆에서 나를 지켜보고 계셨구나? 내가 어떤 판단을 하든, 어떤 생각을 갖든 스스로 깨닫게 하고 싶으셨구나?'라는 생각이 들었습니다. 그래서 전화기의 남편 이름을 '내 부처님'이라고 기록했습니다. 정말 감사한 일이지요.

더불어 이제부터는 제가 알아가고 있는 감사한 부처님 말씀을 조금 더 가까이에서 접근해보기로 하였습니다. 그러던 중, 절에 너무도 열심히 다니시는 한 분을 알게 되었습니다. 이제 부처님 말씀이 눈에 들어오던 저는 그분께 묻고 또 물었습니다. 몸가짐과 마음가짐을 설명해주시던 그 보살님은 제게 우룡 스님께서 지으신《생활 속의 금강경》이라는 책 한 권을 주셨습니다.

법회에 가면 법문 중에서도《금강경》이 좋다는 이야기들을 가장 많이 들었고, 독경을 하면 내 생활에 분명한 변화가 일어난다는 말씀을 들었습니다만, 그게 도대체 무슨 뜻인지 모르고 읽기만 한다는 것이 제게는 조금 짜증이 나던 차, 제 손에 주어진《생활 속의 금강경》은 환희심을 가져다주었습니다. '아! 이 뜻이 이런 거였구나? 아하! 이런 마음을 내라는 것이구나?'

내 마음속에서 미숙한 알아차림이 올라왔습니다. 행복했습니다. '부처님 말씀을 생활 속에서, 이런 오묘한 인간의 마음을 거울 들여다보듯이 기록한 것이《금강경》이구나?' 너무나 감사한 마음이 들기 시작했습니다. 한 번, 두 번, 세 번, 네 번……, 일곱 번까지 읽으니 '마장'이라고 하더군요. 약간 싫증이 났습니다.《금강경》에 오롯이 들어 있는 뜻을 생활 속에 다 옮기지도 못하면서 지

겪기까지 하더라고요. 그야말로 '오만'이 생겼습니다. 《금강경》안에 있는 글귀 하나하나를 한 번 생활 속에서, '나'에게서 찾아보자는 생각이 들었습니다.

우선 '아상'이라는 것을 내 안에서 실험해보았습니다. 언제 어느 곳에 가든지 그 아상은 제 옆에서 항상 저를 지켜보고 있었습니다. 제가 알아차리든 알아차리지 못하든 저를 지켜보고 깨닫기를 기다리고 있었습니다. 옆 지기에게 이야기하면, 또 가르치려든다고 이야기합니다. 그것이 저의 일반화된 행동임을 옆의 도반들은 다들 알고 있는데, 저만 제 그늘에 가려져 보이지 않더라고요. 다행히도 옆 지기들을 잘 만나서 그 행동들에 대한 암묵적인 이야기들을 듣게 되면서 나 자신을 뒤돌아보는 그런 계기가 되고 있다는 사실이 저를 더욱 기쁘게 했습니다.

시댁과의 미운 인연으로 시작되어 이렇게 부처님 말씀을 마음 속에 새기게 해준, 인연으로 이어진 어머님!

지금은 시어머님과 닭다리 하나를 사이에 놓고서 허물없이 서로에게 양보하는 그런 사이가 되었습니다. 그렇다고 해서 친정엄마처럼이야 하겠습니까만, 이런 감정들은 혼자만의 노력이 아니라, 저 또한 노력을 해야 한다는 것을 압니다. 제가 변하지 않으면 주변은 절대로 변화하지 않는다는 것도 알았습니다. 어머님도 함께 노력해달라고 마음을 모읍니다.

물론, 제 속에 있는 허물들이 다 없어졌다는 이야기는 아닙니다. 작은 빗방울이 모여서 개울을 이루고, 그 개울이 모여서 강물이 형성되고 바다가 되듯이, 그렇게 한 걸음 한 걸음 부처님 말씀으로 다가가렵니다. 제가 가는 발자국의 뒷모습에서 '부처님 말씀을 섬기는 사람의 뒷모습은 저러하더라' 하는 이야기가 들리게, 그렇게 조금씩 조금씩 몸과 마음을 가지고 조심스럽게 천천히 다가가렵니다.

오늘도 저는 나만의 법당에 삼배를 합니다.

그러고는 《금강경》과 관세음보살을 독송하고, 사경을 하는 작은 나만의 부처님 말씀을 향한 기도의 원을 발원합니다.

오늘 하루도 모든 중생들이 함께 행복하기를…… 함께 감사하기를…… 기도합니다.

"범소유상 개시허망, 약견제상비상 즉견여래 응무소주 이생기심凡所有相 皆是虛妄 若見諸相非相 卽見如來 應無所住 而生其心"(형상이 있는 것은 모두 허망한 것이니, 머무는 바 없이 마음을 내도록 노력하겠습니다.)

고맙습니다. 감사합니다.

미약한 신행 수기를 간단하게 적어보았습니다.

이렇게 보낼 수 있는 것도 인연에서 시작된 것이겠지요.

항상 마음속에 '미고사(미안하고 고맙고 사랑합니다)'를 간직하고 있겠습니다.

자비심이
진리를 보게 하리라

금강심 이정민

"번뇌즉보리煩惱卽菩提"라는 법을 접했을 때 환희심이 일었던 기억이 납니다.

매일 번뇌에 짓눌리다 못해 십자가를 짊어지고 골고다 언덕으로 향하는 예수의 모습을 나와 동일시한 10대를 보내고 난 뒤, 스무 살이 된 나는 대학 생활에서 그 어떤 기쁨도 보람도 못 느끼며 살다가 결국에는 외가 근처에 있는 해인사로 가서 겨울방학을 보냈습니다.

그때가 성철 스님의 49재 기간이었기에 곳곳에서 성철 스님의 일생에 대한 영상물을 볼 수 있었고, 눈이 많이 내린 가야산을 등반했었는데 한 비구니스님께서 출가하는 게 좋겠다 하시며 어느 절로 보내줄까 하고 물어오셨던 기억이 납니다.

그 겨울방학 내내 물외암에서 쓰던 내 방에 틀어박혀 책을 읽고 경전을 사경하는 시간 속에서 만난 가르침들은 미쳐 날뛰던 광기에 잔잔한 휴식을 주었고 며칠을 울어도 모자란다고 말하는 서러움에 위로를 해주었습니다. '번뇌즉보리'가 그랬고 '백겁적집죄 일념돈탕진 여화분고초 멸진무유여百劫積集罪 一念頓蕩盡 如火焚枯草 滅盡無有餘'가 그러했습니다.

가족 대대로 내려온
광기와 폭력

어려서부터 혼자 조용하게 있기를 좋아하는 예민한 소녀였던 나에게 아빠는 내 마음을 잘 알아주고 항상 내 편이 되어주는 유일한 사람이었고, 엄마는 아기 때부터 생일상으로 독상을 차려주실 만큼 나를 아끼고 귀하게 생각하셨습니다. 문제는 가족적인 광기의 성향이었습니다.

"은희야(어릴 적 이름), 니 까자(과자의 경상도 사투리) 어디서 사왔노?"

"애상(외상을 애상으로 들었기에 그렇게 말했습니다)으로 사왔다."

이 대화가 끝난 이후에 태어나서 처음으로 큰 폭력을 경험했고 어린 자식을 죽여버리려는 아빠의 살기를 엄마가 막아주었습니다. 사실 시골에서 외상으로 간식과 술을 사온 건 아빠였고 아빠를 꼬리처럼 따라다닌 나는 배운 대로 했을 뿐이었는데 설명 한마디 없이 매질이 돌아왔습니다.

그 후로도 몇 차례 그런 일이 있었지만 엄마가 최선을 다해 보호해주었습니다. 그러나 내게 따뜻한 밥을 해주고 시부모를 정성껏 봉양하는 엄마를, 저는 이상하게도 아빠의 시각으로 바라보고 아빠와 동일화된 정서로 엄마를 무시하고 조롱했습니다.

그러다 보니 엄마의 보호막이 내 인생에서 서서히 막을 내리고 두 분이 경제적인 문제로 인해 불거진 여러 문제로 부부싸움을 할 때 눈에 거슬리는 사춘기 소녀가 된 나는 두 사람의 폭력을 몸으로 받아냈습니다. 성숙한 편이어서 6학년 때 이미 가슴이 많이 나온 숙녀의 몸이 되었는데도 따귀는 여전히 일상이었고 온몸을 손가락으로 비틀어 꼬집는 신체 폭력을 아빠로부터 받기도 하고 허리띠로 때리는 폭력 앞에서 한 마리의 슬픈 짐승이 되어버리는 참 담한 상황이 벌어지기도 했는데, 문제는 체벌이 외가 친척들이 보는 앞에서도 종종 이루어졌기에 어린아이의 자존감이 처절하게 짓밟히는 1차 결과에 이어, 외가 친척들이 함부로 때릴 수 있는 아이로 생각해 쉽사리 내게 손찌검하는 2차 결과가 나왔다는 것입니다.

어느 날, 중학생이 된 나는 외할머니에게 찰흙으로 그릇 만드는 걸 부탁합니다. 전혀 마음에 들지 않는 불량그릇으로 만든 할머니에게 소리를 지르며 내 숙제 어떡할 거냐고 발을 동동 구르며 웁니다. 뒤에서 무언가가 날아오며 별이 번쩍합니다. 그리고 온몸에 찬물이 쏟아져 내립니다. 모친이 찬물이 든 바가지로 내 머리를 내려친 걸 알게 된 순간, 따귀를 여러 대 맞습니다. 흘러내리는 눈물이 너무나 뜨거워서 찬물에 젖은 옷이 차갑지 않습니다.

'이년들! 지금은 이렇지만 두고 보자. 죽을 때까지 니 년들은 웃을 일이 없을 거다. 나쁜 년들! 천천히 말려 죽여주마.'

내 마음의 소리는 입 밖으로 나오지 않고 안으로 녹음되어 30년 가량 재생되었고, 그 장면은 3D 혹은 4D가 되어 테이프가 늘어질 때까지 반복 재생되었습니다. 이후 내 편이라 여기는 사람들에게 나는 모친을 비난하는 일명 '고소장'을 제출하고 그들이 내 손을 들어주면 안도하며 승리의 미소를 지었습니다.

아빠가 뇌진탕으로 반신마비가 되어 병원에서 콧줄을 끼시고 5년을 누워 계시다가 그 불편한 몸을 벗고 가시자, 나는 아버지와

나, 두 사람의 이름으로 보이지 않는 힘센 존재들 앞에 모친을 다시 고소했습니다.

'이 사람에게는 죄수 번호가 내려져야 합니다. 아빠와 내게 했던 행위에 대한 과보를 평생 받으며 외롭게 단칸방에서 죽어서 바르도 49일간 두려움 속에서 철저하게 심판받아야 합니다. 그렇게 해서 영혼이 정화되어 다음 생에는 지혜롭고 덕이 있는 사람으로 태어날 수 있도록 혹독한 교화 과정이 필요합니다.'

현실 :
내 무의식을 비추는 춤

나 어릴 적, 외교관이나 항공기 승무원으로 내 꿈을 정해준 아빠는 제게 자신감을 불어 넣어주고 용돈도 두둑하게 주는 분이었던 때도 잠시 있었습니다. 그러나 여기저기 옮겨 다니시던 회사를 그만두고 실업자 생활을 한동안 하시더니 '나 홀로 소주 인생'이 본격적으로 시작되었습니다.

세파로부터 막내아들을 보호해주시다가 죽는 순간까지 마마보이 아들 걱정에 눈을 제대로 감지도 못하신 할머니의 사후에, 아빠의 알코올중독 증세는 더 심해졌습니다. 그러다가 어렵사리 두 분이 시작한 가게 일이 잘되지 않았고 여러 사정으로 서울로 올라와 작은 가게를 열었으나 상황이 호전되기는커녕 설상가상으로 드라마나 영화에나 나올 법한 쇼킹한 상황들이 이어지면서 아빠의 인생은 구제 불능의 알코올중독자 인생으로 치달았습니다.

자연히 엄마는 먹고살기 위해 험한 세상으로 나아가게 되었고 우리 세 자매 중에 둘째가 엄마 곁에서 일을 돕는 역할을 도맡아 했습니다. 공부에도 큰 흥미가 없었고 친한 친구도 없던 동생이 선택한 길은 하교해서 교복을 입고 곧장 엄마의 가게로 가서 갈비 불판을 닦는 일이었습니다. 고된 일을 마친 뒤에 뿌듯한 마음으로 고기 볶음밥을 먹은 후 집으로 돌아와 TV 보는 게 동생의 유일한 낙이었는데, 어려서부터 혼자서 책 읽으며 공부하는 걸 좋아하고 다행히 성적도 상위권이던 내가 공부하던 책상 바로 옆이 TV가 놓여 있던 공간이라 단칸방에서 우린 치고 박고 싸울 수밖에 없었습니다.

주로 친척집에서 얹혀살던 내가 가족들의 단칸방으로 들어왔을 때 날아오를 듯이 기뻤지만 그것도 잠시, 진정한 악몽이 시작되었습니다.

'그 당시, 매일같이 술을 드시는 아빠를 병원에 보내서 치료받게 할 생각을 왜 못하고 이상한 기독교인 아줌마가 우리 집에 와서 아빠를 더 이상하게 만들었을까?'

'다른 보살님들처럼 엄마도 절에 가서 상담을 받고 지혜로운 스승이 주시는 방편이라도 받아 왔다면?'

'다른 불우한 가정의 소녀 가장들처럼 내가 학업을 나중으로 미루고 취업하는 길도 있지 않았던가?'

지금 생각해보면 이런 가정들이 떠오르면서 안타까움을 더할 뿐이지만 전현수 박사님이 동영상 강의에서 말씀하시듯이 그때는 그럴 수밖에 없었기에 그러했을 뿐입니다.

문제는 나의 선택이었습니다.

눈앞에 벌어지는 현실이 내 무의식의 반영이라는 가르침을 머리가 아니라 가슴으로 조금만 더 명확하게 이해했더라도 트라우마가 내 인생을 통째로 삼켜버리지는 않았을 것입니다. 또 정상인처럼 사는 척만 하고 혼자서 수행 열심히 하는 모양새만 보이고 실상은 정신병자로 내 골방에 갇혀 꿈도 희망도 없이 알코올로 도피하는 생활을 20년 넘게 하지도 않았을 것입니다.

수행프로그램과 변화

해인사에서 집으로 돌아온 후 내 생활은 안정된 것처럼 보였습니다. 예전 같은 광기도 잠잠해졌고 술도 덜 마시며, 세상을 좋게 바꿔야 한다는 신념으로 여기저기 기웃거리며 희망을 찾았지만 행복으로 가는 길은 없었습니다.

배회하던 어느 날 전봇대에 붙은 포스터를 봅니다. '실천적 불교사상', 정토 포교원, 홍제동……. 버스를 타지 않아도 걸어서 갈 수 있는 거리라 포스터를 본 날, 바로 갔습니다.

그곳에서 몇 달 동안 배우고 일을 돕다 보니 스님께서 '깨달음의 장' 수련을 다녀오라고 하셨습니다. 수련비가 없다고 하자 그 당시 20만 원이라는 거금을 내어주시며 나중에 갚으라고 하셨습니다. 그 빌린 돈은 13년이 지나서 무이자로 갚았지만 지금 저는 생각합니다, 결코 갚을 수 있는 돈이 아니었다고. 그 20만 원은 내가 보다 나은 사람이 되어 힘든 사람들을 돕는 20년으로도 갚아질까 말까 하는 돈이었다고.

아쉽게도 깨달음의 장에서 작은 깨침도 얻지 못했고 깨닫지도 못했지만 오히려 그 덕에 내 문제를 해결하고 행복하기 위해 여러 곳을 더 가볼 수 있게 되었습니다.

한마음과학원의 공생 과정, 능인선원의 죽음 수련, 푸른 누리의 명상 수련, 신지아님의 수피춤 명상, 아남 툽텐 린포체와 밍규르 린포체의 명상 수련을 비롯한 티베트 스승들의 방한 법회, 광성사의 늉네 수련, 원네스의 바가반 코스, 대일 스님의 조상 해방 코스, 샨티 출판사의 가족 세우기 워크숍 등을 통해서 세상이 보여지는 대로, 내가 생각하는 것처럼 존재하는 것이 아니라는 가르침이 머리에서 내려와 심장 가까이로 스며든 것 같습니다. 머리로는 그 무엇도 움직일 수 없다는 진실과 함께.

내 삶에 크게 영향을 준 프로그램들은 모두 석가모니 부처님의 가르침을 접목한 과정은 아니지만, 부처님의 '제행무상諸行無常, 제법무아諸法無我, 일체개고一切皆苦'라는 삼법인三法印과 '고통/고통의 원인/고통의 소멸/소멸 방법'을 제시하는 사성제四聖諦를 가슴속 깊이 되새길 수 있도록 만들었기에, 제가 참가한 모든 수련 프로그램들을 불보살들이 내려주신 선물이라 여깁니다.

더 나아가서 나는 스무 살을 넘긴 나이에 수행프로그램을 만나 지금까지 어렵게 어렵게 왔지만 한참 자라나는 청소년들이 학교 교과과정에서 이런 프로그램을 자연스럽게 접할 수 있다면 그들은 이른 나이에 자살을 하거나, 자해를 하거나, 가출하거나 중독이 되지 않을 것이라 확신합니다.

중생 :
중독된 존재

몇 년 전, 알코올중독에 관한 무료상담을 해준다는 알림을 보고 상담 신청을 해서 만나게 된 분이 있습니다. 병원에서 나와서 상담 트럭을 타고 다니며 사람들에게 무료 상담해주는 정신과 의사 임재영 선생님입니다. 그분은 불교도는 아니지만 매일 호흡 명상을 하신다고 했습니다. 그분을 만나서 저는 제가 알코올중독에서 어느 정도 벗어났는지, 완전히 극복할 수 있는지에 대해 상담했습니다. 저와 1시간가량 상담한 후 임재영 선생님은 말씀하셨습니다.

"상담 치료나 약물치료 없이 스스로의 힘으로 80% 정도 벗어나신 것 같습니다. 대단하십니다. 그런데 금주 성공 사례로 발표까지 하신 분이 10년 만에 성당에서 주는 포도주 한 모금에 중독 세포들이 깨어나 술을 엄청 마시고 중독과에 다시 입원한 케이스도 있습니다. 레지던트 시절, 완치되어 나갔던 환자들이 다시 돌아오는 걸 보며 과연 중독에서 벗어날 수 있는지 수없이 자문했습니다. 선생님의 경우, 성공한다면 많은 중독자들에게 희망을 줄 수 있을 것 같습니다. 어쩌면 중독자들이 중독을 벗어나는 과정에 본인의 강한 의지 외에도 영적인 존재의 은총과 같은 것이 필요할지도 모르겠습니다."

맞습니다.

어느 날, 나는 엉엉 울었습니다. 자식들에게 희망을 주어야 할 아부지가 취해서 단칸방으로 이어지는 부엌 문턱을 베개 삼아 쓰러져 주무시고 계시는 모습을 보며 진저리를 쳤지만 10년 뒤 내가 같은 행동을 하고 있는 걸 보았기 때문입니다. 그러면서 유전자 탓을 했습니다.

아부지처럼 세상을 원망하며 인생을 한탄하며 나 홀로 술을 마시며 우는 날도 있었지만 가끔은 자존감을 가지고 스스로를 이태백과 같은 신선이라 여기며 달을 벗 삼아 밤새 홀로 술을 마시다 보면 아침 해가 뜰 때도 많았습니다.

새벽에 예불을 드릴 때도 많았는데 늦게까지 술을 실컷 마시고 두어 시간 눈을 붙인 뒤, 술 냄새를 팍팍 풍기며 기도에 참석한 적도 종종 있었고 알딸딸하게 취한 상태에서 출근했다가 오후에 숙취가 깨면 딱 몇 시간 동안 맨정신으로 깨어서 일한 후 저녁에 다시 반주를 하거나 식사 대신 막걸리를 마셨습니다.

자꾸 마시다 보니 그게 사는 낙이 되었습니다. 월급을 받는 이유도 한잔 걸치기 위해서고, 운동을 하는 이유도 땀을 뺀 뒤 술맛

이 좋도록 하는 것이었고, 사찰에서 집중 수련을 한 후에도 술로
회향을 했습니다.

가족들도 저런 사람이 왜 절에 다니는지 모르겠다고 했고, 결혼
후 남편은 여자가 그렇게 술 마시는 경우는 처음 봤다며 알코올중
독과에 한 달 정도 입원할 것을 권유했습니다.

하지만 나는 내 방식대로 하겠다고 선언하고 꿋꿋하게 그대로
나갔습니다.

서른 살 때부터 법당에 갈 때마다 발원하는 내용이 있는데 그
내용이 티베트 불자들이 매일 삼귀의와 함께하는 사무량심 기도
와 유사하고 하와이의 고대 수행법인 호오포노포노의 기원문과도
비슷한 걸 나중에 알고 조금 놀랐습니다.

'만 생명 자기 자리에서 행복하길! 만 생명 상처에서 벗어나길,
중독에서 벗어나길! 나와 나의 조상님들과 수많은 인연들이 알게
모르게 상처를 준 존재들이여, 잘못했습니다. 용서해주십시오. 저
도 용서하겠습니다.'

번뇌즉보리 :
벽을 의지한 문

내 장기전이 성공할 확률도 50%, 실패할 확률도 50%지만, 실패
하더라도 이후에 내 삶이 중독과 트라우마에서 벗어나는 데서 실
패한 사례로 남아 사람들이 다른 해결 방법을 찾을 수 있게 하는

토대가 된다면 성공이 아니어도 괜찮은 삶이라고 생각하며 스스로를 격려했습니다. '처음부터 코믹 버전이잖아. 엄마 아빠가 만우절에 결혼하셨고 칠삭둥이로 태어나 내 돌떡 직접 돌린 아기잖아. 괜찮아. 다 잘되는 게 오히려 이상하지. 괜찮아.'

저는 제 기도가 금생이 아니더라도 언젠가는 성취되리라 믿고 뚝심으로 밀고 나갔습니다.

그리고 선지식이나 훌륭한 스승들을 만날 때면, 내가 아버지처럼 홀로 술을 마시며 취한 상태에서 시체처럼 누워 있는 시간이 길다는 말씀을 드리고, 제대로 살고 싶다고, 귀한 사람 몸을 받았으니 귀한 삶을 살고 싶다고 솔직하게 말씀드렸습니다. 주머니 사정이 안 좋을 때는 봉사를 열심히 하고 난 뒤, 바라는 바를 말씀드리기도 했고 중독에서 벗어나고 싶다는 바람을 정성껏 써서 작은 선물과 함께 올리기도 했습니다.

돌아보면 절을 매일 많이 하기도 했고 집중된 상태는 아니더라도 명상을 꾸준히 하기도 했고 염불을 하기도 했습니다. 지금까지 꾸준히 하나의 수행을 한 것이 아니라 1년 정도 정해진 수행을 하다가 그만둔 경우도 있고, 절하다가 그냥 참선으로 바꾼 뒤 참선만 한 적도 있고, 무위가 최고라 생각하며 아무것도 안 하기도 했습니다.

하지만 나 살기 위한 단 하나의 목표는 분명했습니다. 내 속에서 20년 넘게 돌아가는 영상 파노라마를 끄는 방법을 체득하고 건강을 회복하며, 마셔봐야 잠만 오고 피곤한데도 틈만 나면 마시고 싶은 마음을 멈추고 생산적인 일로 마음으로 돌리는 것.

그 목표를 향한 마음은 가늘게나마 지속되었기에 눈에 보이는 성과를 얻을 수가 있었습니다. 지금도 술을 마시고픈 마음이 일어나지만 예전처럼 강하지 않고 일어나더라도 통제가 가능해서 내 몸 세포들에게 잘 일러주면 잘 알아듣습니다.

'얘들아! 술 많이 마셔봤잖아. 마시면 잠 오고 동물처럼 누워있게만 되잖아. 마신 다음에 기분은 좋았어? 잠시 위장으로 내려갈 때 쏴한 거 다음엔 아니잖아. 그리고 몸 피곤한 거는 어쩌고. 또 다음 날 못 일어나잖아. 살아 있는 동안에는 산 사람처럼 살자. 언젠가는 죽잖아. 그때 시체놀이해.'

내게 있어 행복의 첫 단추는 바로 그것이었습니다.

예전에는 다겁생래죄업장多劫生來罪業障을 속히 소멸하고 출가를 해서 먹물 옷을 입거나 타 종교 성직자가 되거나 고귀한 깨달음을 얻는 것이 내 인생의 목표라 여겼지만, 이제는 저 높은 곳에 있는 이상을 지금 딛고 서 있는 땅으로 가져와서 우선 해결해야 할 것부터 중요도에 따라 차분하게 하면서 내게 필요한 것을 잘 알아내고 올바르게 가져와서 쓰는 것이 제 단기적인 목표입니다.

내 인생에서 트라우마와 중독은 결코 넘을 수 없는 벽으로 보였습니다. 모친에게 물바가지 세례를 받은 악몽의 기억은 임종 때까지 없어지지 않을 것 같았습니다.

그러나 그 벽이 있었기에 저는 그 이유를 알아내려는 지속적인 노력으로 창문을 내었고 문고리를 잡고 나가고자 애썼습니다. 그러나 내가 그토록 잡고자 했던 문고리가 이제는 필요 없어졌습니다. 문이 없는 걸 알았기 때문입니다. 애초부터 벽이 없었기 때문입니다. 다만 내가 종이 벽을 만들어 시멘트색을 칠한 뒤 절대 못 넘어간다고 믿었을 뿐입니다.

자비심이 진리를 보게 하리라

미륵보살을 친견하고자 동굴에서 12년간 열심히 수행했으나 원하는 결과를 얻지 못하고 떠나던 길에 다 죽어가는 개를 만나, 상처 입은 개와 그 상처에 들끓는 구더기 둘 다 살리고자 자신의 살점을 도려내서 혀로 구더기를 옮기는 무착 스님 앞에 미륵보살이 짠 하고 나타나자 스님은 따지면서 물었다고 합니다. 그때 미륵보살이 해주신 대답이 제 마음을 울립니다.

"무착아! 나를 보고자 했을 때부터 나는 너와 함께 있었다. 하지만 자비 없는 마음이 나를 못 보게 한 것이고 이제 대자비심이 나를 보게 한 것이다."

무착 스님의 이야기는 들을 때마다, 읽을 때마다 새롭게 느껴집니다.

선산에 법당을 지어 놓으시고 초하루와 보름마다 정성껏 불공을 올리시며 미륵부처님을 부르셨던 할아버지의 공덕이 저를 늘 보호하고 있기 때문일지도 모릅니다. 할아버지는 훌륭한 손자를 보시려고 부처님을 간절하게 부르셨지만 제가 아들이 아닌 딸로 태어나 실망하셔서 눈물을 흘리셨습니다. 그 이야기를 들었을 때 서운했지만 이제 저는 할아버지께 말씀드립니다.

"할아버지! 저를 사랑스러운 눈으로 보아주세요. 제가 할아버지의 그 깊은 신심을 이어 나갈게요. 자비심이 열쇠였어요. 할아버지. 그런데 이미 문은 열려 있는 거였어요. 열쇠가 필요 없어요. 월광 이선재 할아버지. 감사드려요. 사랑해요. 주신 생명으로 자비로운 마음을 널리 펼치며 덕망 있는 삶을 살게요. 아미타 부처님 품에 안기신 아빠도, 항상 지켜주시는 할아버지도 저를 자랑스럽게 생각해주세요."

목이 멘 밥

무등행 정정례

중앙신도회장상

'목이 멘 밥'이라는 말은 옛날 어른들한테나 듣던 말이고 그 뜻이 진정 무엇을 의미하는지도 몰랐습니다. 나와는 거리가 아주 먼 배고픈 시절에나 있는 일인 줄 알았지 정작 내가 그 밥을 먹어볼 거라는 것은 상상도 못 해봤었습니다.

익산에 있는 연국사를 아주 오래전부터 다니고 있는 우리 가족은, 좋고 나쁜 일이 있을 때마다 큰스님을 뵙고 인사를 드리며 상담하고 지도를 받는 등 일상의 하찮은 일로도 스님을 의지하며 살아가는 불자 가정입니다.

신앙생활을 잘하며 살아가던 중, 2006년 11월 말쯤 남편이 청천벽력 같은 병명을 받고 말았습니다. 막내 딸아이가 9살로 초등학교 3학년에 둘째가 고등학교 1학년인 17살, 첫애가 고등학교 2학년이었으니 딸 셋을 둔 엄마로서 참으로 기막힌 일이었습니다.

뇌종양! 그것도 뇌의 가장 중요한 숨골 부위에 종양이 있어서 수술도 어려울 거라면서 서울 큰 병원으로 빨리 가라는 의사의 소견을 들었을 때 내가 의지할 곳은 의학이 아니라 기적이었으며 그것은 곧 부처님의 가피가 아니면 안 되는 일이라는 것을 절감하였습니다.

그 의사도 아주 난처한 표정이었고 너무 미안해하는 표정을 하면서 어쩔 줄 몰랐는데, 담당 의사가 난감해하는 표정을 보면서 이 세상의 벼랑 끝에 왔구나 싶었습니다. 뇌종양이라니 믿기지 않았습니다. 아니 믿고 싶지 않았는지 모르겠습니다.

남편은 그해 3월부터 꼭 여자의 갱년기 증상처럼 얼굴이 화끈 거리고 혀가 매운 것 먹은 것처럼 화끈거린다고 하여 한의원에 가서 한약을 지어 먹어보았지만 차도가 없어 원광대 종합병원에서 내과 진료와 종합검진까지 받았습니다. 내과 과장님은 남자들도 갱년기가 있어서 그런 증상인 것 같다고, 피검사와 엑스레이까지만 촬영하여 검사해주고 별 이상이 없다며 약만 조금 먹어보면 될 것이라며 대수롭지 않게 말했습니다. 내심 걱정이 된 나는 MRI라도 찍어보면 좋겠다고 했지만 선생님은 낭비라고 그럴 필요 없다 하셨기에 한편으로는 안심이 되어 좀 지나면 낫겠지 하고 넘어갔었습니다.

　시간이 지나도 증상은 전혀 호전이 안 되고 남편은 얼굴과 혀가 화끈거려 죽겠다고 하면서 찬물이나 아이스크림을 먹으면 입속이 좀 낫다고 얼음을 달고 살았습니다. 그렇게 괴로워하며 여기저기 약을 먹어봐도 차도는 없었고 날이 갈수록 심해졌고 11월 즈음에는 약 같은 것을 삼킬 때 잘 넘어가지 않는다고 잘게 부수어 삼켰습니다. 다른 음식물도 삼키는 시간이 느려지고 자꾸 힘들게 삼키는 게 심상치 않아, 다시 의사한테 원이라도 없게 MRI라도 찍어보고 싶다고 하니 선생님께서는 이상이 없고 의료보험이 안 되는데 뭐하러 찍느냐는 거였습니다. 그래도 괜찮으니 찍어달라 했더니 그러면 그렇게 해보자 하고 찍은 결과가 뇌종양이었던 것입니다. 그러니 그 의사 선생님이 난처하고 미안해하는 것은…… 어쩌면 당연한 것이었습니다.

그러면서 이 병의 전문의가 서울삼성병원에 있다며 연결해주었습니다. 그때가 11월 말로 병명을 모르고 3월부터 9개월의 시간을 허비한 꼴이었습니다. 억울했지만 그것도 잠시, 그러한 감정에 주저앉을 수는 없었습니다. 어찌하든지 남편의 병은 낫는다는 희망을 붙들고 부처님께 매달릴 수밖에 없었던 것입니다. 그것만이 살길이라는 것을 나는 직감했고 아무런 생각이 없는 자리에서 다만 매달릴 뿐이었습니다.

처음 뇌종양을 선고받고 잘 아는 회사 지인에게 전화로 전하니 그 지인 왈, 나와 남편이 그렇게 절을 열심히 다니던데 부처님이 원망스럽지 않느냐고 물어왔습니다.

그 순간 '아차' 싶더니 바로 내 입에서 이런 말이 나왔습니다.

"누구 엄마, 그런 말 하지 말아요. 바로 그게 내가 부처님께 죄를 짓게 되는 것"이라 했더니 무슨 말이냐 되묻기에, "주변 말하기 좋은 사람들 왈, 부부간에 그렇게 열심히 해도 당할 것은 다 당하잖아 하고 말하면, 그렇게 말하는 분들도 인과법을 모르고 그냥 내뱉는 말로 업을 짓기에 내가 부처님께 죄송하니 절대로 그런 말하면 안 돼요" 했습니다.

그러면서 "이것은 나와 남편이 전생에 지은 업인데 다행히 부처님 법 만났을 때 회향 잘하라고 이런 고통을 받는 것이니 그렇게 생각하고 어떤 고통이 와도 잘 회향할 거예요"라고 했더니만 미안하다면서, 그래서 선무당이 사람 잡나보다고 어색해했습니다.

병원 측에서도 급히 서둘러준 덕으로 12월 4일 수술 날이 잡혔습니다.

보호자 서명란에 주치의와 담당 과장이 사인하라면서 너무 고난이도 수술이고 수술 후에 사지마비와 식물인간이 될 수도 있다는 자세한 설명을 하는데, 정말이지 수술하지 않고 집으로 가서 애들하고 가족여행이라도 다녀와서 그럭저럭 살다가 편히 목숨 다하면 그때 임종을 맞이하는 게 낫겠다는 생각이 들어 포기할까 잠시 머뭇거리자, 동생이 잠깐 밖으로 불러내더니 수술 전에는 최악을 말하는 것이니 너무 신경 쓰지 말고 빨리 사인을 하라고 하는 것이었습니다.

수술 날 아침 7시!

수술 들어가면 8시간쯤 걸린다 했습니다. '아…… 이게 어찌 돌아가는 건가…….'

남편은 다행히도 참 담담했습니다. 걱정 말라고 오히려 나를 위로하면서 아주 편안하게 수술실로 들어갔습니다. 수술실로 들어가는 남편을 보면서 '아, 이게 남편의 기도 힘이구나! 아차' 하는 마음이 들어 곧바로 삼성병원 불교실 법당으로 가서 계속해서 엎드려 절만 했습니다.

수술실 앞에는 스님과 가족들이 지키고 있었고 나는 그 자리에 머무를 수 없어 오직 수술 원만케 해달라고 부처님께 매달릴 뿐, 내가 할 수 있는 것이라곤 아무것도 없다는 것을 알았기 때문입니다.

남편은 발병하기 1년 전부터 출근길에 원찰인 연국사 법당에 들러 108배를 하고 다녔으며 못 하는 날에는 퇴근길에 들러서 108배를 하고 왔었습니다. 그래서 그 힘으로 저리 담담하나 보다 싶었습니다.

남편은 수술실로 들어가고 나는 삼성병원 법당에서 마음을 차분히 하고 기적이 일어날 것이라 믿으며 다만 부처님 전에서 알고도 짓고 모르고도 지은 모든 죄업을 참회하면서, 그동안 나와 내 남편이 누군가에게 섭섭한 말을 하였거나 벌을 받을 만한 행동을 하였다면 이를 용서하시고 다시 한 번 살아갈 수 있도록 기회를 달라고 오직 빌고, 빌고, 빌 뿐이었습니다.

8시간 넘게 걸린다는 시간이, 7시간이 지난 오후 3시 30분쯤 전화가 왔는데 가슴이 덜컥했습니다. 회복실에서 중환자실로 옮겼으니 들어오라 했는데 과연 어찌 됐을까……? 들어가 보니 사지를 다 묶어놓고 의사가 나를 가리키며 누구냐고 남편에게 물어보니, 남편은 얼굴은 퉁퉁 붓고 말은 못 알아듣게 기어 들어가는 소리로 "각시……"라고 했습니다. 의사가 알아보겠냐고 환자에게 물어보니 '알겠다'고 눈을 감았다가 떴습니다. 손가락, 발가락 움직여보라 하니 시늉은 했습니다.

마음 깊이 '부처님 감사합니다'를 연신 말하며 의사 선생님 손을 잡고 나도 모르게 눈물을 흘리며 감사하다고 하자, 악성에 가깝지만 다행히 악성은 아니니 두고 보자며, 너무 숨골하고 가깝게 있어서 종양을 다 절개하지 못했으니 나머지는 방사선으로 치료하자고 하면서 천만다행이라고 하였습니다.

수술 후 회복실에서 중환자실로 옮겨 3~4일 지난 날, 침대에 사지가 묶인 남편은 들릴 듯 말 듯한 어눌한 말로 간호사에게 부탁을 하였는데, 간호사가 무슨 말인지 잘 못 알아듣고 필기구를 가져다주니, 겨우 알아볼 수 있을 정도로 쓴 글씨로 "각시한테《금강경》책 가져오라"고 써서 보여주었다고 합니다. 간호사가 전화로 이를 알려주면서 혹시 환자가 불자인지 물으며《금강경》책을 갖고 오라고 했다고 전하기에, 제가 가져다주고 오면서 참 이상한 일이다 싶었습니다. 몸도 못 움직이는 사람이 왜 경전을 갖고 오라고 할까 했는데 한참 지난 후에 이야기를 해주었습니다.

"수술하고 중환자실에 있는데 눈만 감으면 검은 옷 입은 사자들이 데려가려고 하니 눈을 감을 수가 없어 시달리고 삼 일 동안 잠을 이룰 수가 없어서 금강경 사구게가 떠올라 갖다 놓으면 되겠다 싶어서 머리맡에 놓으니 그 순간부터 편히 잠이 잘 오면서 더 이상 사자들이 나타나지 않아서 편히 잘 수 있었다"는 것이었습니다.

그때는 우리 부부가 이리불교대학 16기 학생으로《금강경》강의를 스님께 듣고 있던 때였는데 남편은《금강경》강의에 빠져 있던 때였습니다.

다음 날 중환자실로 면회를 가니 담당 선생님 말씀이 삼키는 기능이 안 되니 며칠 더 중환자실에서 관찰하고 병실로 올려보낸다고 하였습니다. 그런데 며칠이 되어도 병실로 안 옮겨주기에 왜 그러냐 했더니만 아마 삼키는 기능이 마비된 것 같으니 더 두고 봐야겠다고 하는 것이었습니다. 가슴은 철렁했지만 '지나면 낫겠지' 하며 스스로 위로했습니다. 그런데 수술 후 1달이 지나도 침도 삼킬 수 없으니 그 침이나 가래를 전부 휴지로 뱉어내야 했는데, 티슈 2갑을 3일이면 다 썼습니다. 꼼짝없이 누워만 있는 남편은 수술 후유증으로 인지기능만 정상이지 먹을 수도, 걸을 수도, 설 수도 없이 대소변을 다 받아내야만 했습니다. 나는 하루에도 수없는 감정들이 교차하며 희비가 엇갈릴 때마다, 나쁜 감정에 빠지지 않기 위해 안간힘을 쓰며 '오직 부처님의 한량없으신 대자비 대광명의 가피가 있을 것을 믿는다'고 입으로 되새기고 살아 있음에 감사하며 마음을 추스르곤 했습니다.

그런데 이상한 것은 의사가 아침저녁으로 회진 돌 때 아프거나 이상한 데 있음 얘기하라 해도 환자는 다른 아픈 곳이 없다는 것이었습니다. 의사가 갸우뚱거리며 못 먹는 것은 수술할 때 삼킬 수 있는 기능이 마비된 것 같고 못 걷는 것은 기립성 저혈압으로 일어서기만 하면 어지러워서 그런 것이니 두고봐야 된다고 하는 것이었습니다. 방사선 치료까지 그렇게 2개월 동안 치료를 받았지만 나아진 것은 아무것도 없었습니다.

먹을 수가 없으니 코에다 호스를 꽂아 위胃까지 연결시켜 '뉴케어'라는 액체를 매 끼니마다 2캔씩 먹는 것이 식사의 전부였습니다. 그렇게 2개월 지나니 퇴원하라는 것이었습니다.

이런 상태로 어찌 퇴원하느냐 하니 병원 측에서도 어쩔 수 없는 상황이라고 하면서 내과에서 위관에다 호스를 삽입하는 수술을 하고 퇴원하라는 것이었습니다. 그러면서 의사가 "아직은 환자가 너무 젊은데 매일 재활치료 받으러 다니려면 콧줄은 보여서 좀 그러니까 위관 삽입은 밖으로 안 보이니 최선책입니다"라고 하였습니다. 더 이상은 입원이 안 된다고 무작정 퇴원해야 한다고 해서 별 도리가 없기에 위관 삽입 수술을 하고 지방 병원으로 오니 여기서는 직접 보호자가 음식물을 믹서로 갈아서 그 호스에 큰 주사기로 천천히 넣어주라는 것이었습니다.

부처님 맙소사! 앞이 캄캄했습니다.

삼성병원 재활의학과 선생님이 '평생 삼키는 기능이 안 돌아올 경우가 많으니 너무 기대하지 말라' 하는 말씀이 생각나면서 음식물을 주입하기 시작했습니다. 다행스럽게도 첫째와 둘째 딸은 기숙사에 있었고 초등학생 막내만 데리고 있었는데, 아침마다 음식물 갈아야 하는 믹서기 돌아가는 소리가 워낙 크다 보니 막내 아이가 귀를 막고 문을 '쾅!' 하고 닫았는데, 그 소리를 들으며 정말 마음이 너무 아프고 미안했습니다. 그 어린 것이 노이로제에 걸린 듯 믹서기 선만 꽂을라치면 소스라치게 놀라며 방으로 뛰어 들어

갔는데 지금도 가끔 그때가 생각이 나면 눈물이 납니다.

학교를 보내고 남편을 살~살 달래어 식탁으로 부추겨 앉히고 갈아놓은 음식을 큰 주사기에다 호스로 넣어주고, 내가 밥을 먹으려 수저를 잡을 때 수시로 목이 메어 밥을 먹을 수가 없을 때가 많았습니다. 남편은 혼자서는 무엇도 먹지 못하는데 나는 살겠다고 숟가락을 들 때, 그때 알았습니다. 목이 멘 밥이 어떤 것인지를요 ········.

그렇게 저렇게 시간은 잘도 흘러갔습니다. 매일 재활 치료차 병원으로 출퇴근하면서 희망과 절망이 교차했습니다. 2007년 음력 초파일 무렵 스님께서 병문안 오셔서 남편 얼굴을 보더니 많이 좋아졌다면서 삼키는 검사를 다시 해보라 권하셨습니다. 제가 보기에는 똑같아 보인다고 했더니만 아니라고 하시면서 빨리 해보라는 것이었습니다. 그래서 의사 선생님께 검사를 해달라고 하니 고개를 갸우뚱하면서 "차도가 없을 텐데······"라면서 한번 해보자고 했습니다.

그런데······ 기적이 왔습니다. 기적 같은 일이 일어난 것이었습니다. 조금 삼켜도 될 것 같다면서 요거트가 물보다 삼키기 좋으니 몇 스푼씩 아주 천천히 요거트를 먹여보는 시도를 해보라고 하였습니다.

'아이쿠! 부처님, 제불보살님, 감사합니다. 감사합니다' 하면서 천천히 시도를 해보니 그 몇 스푼 삼키는데 이마에 땀을 흠뻑 흘리면서 받아 삼키는 것이었습니다. 그렇게 진땀을 흘리며 받아먹던 모습이 지금도 눈에 선합니다. 그렇게 남편은 수술 후, 침도 물도 못 삼켰는데 약 6~7개월 만에 조금씩 삼키기 시작했고 걸음도 조금씩 걷기 시작했습니다.

이때까지도 나는 앞으로 어떻게 살아야 되는지 뭘 해야 되는지 아무 생각도 나지 않았고 남편한테 매달리고, 새벽으로는 부처님 전에 108배 참회를 하면서 제 남편을 지켜주시고 아이들 아버지를 살려주셔서 이 가정에 행복을 지켜주십사 하고 빌었습니다. 집에 오면 철모르는 막내딸은 콜콜 자고 있었는데 그 아이 뺨에 내 볼과 가슴을 묻고 간절하게 부처님께 발원하던 때는 어떻게 사는 것도 중요하지 않았습니다. 다만 살아만 있어주기를 기도했습니다.

또한 지인들 중에는 어떻게 하면 나을 수도 있으니 어디를 가보라는 등 도움을 주겠다고 말들을 했지만, 저는 그저 오로지 모든 상황을 있는 그대로, 다 인과의 이치임을 알고 받아들이기로 했기 때문에 다만 참회로써 기도하고 매달리며 오직 부처님의 가피력을 달라고 빌고 빌었을 뿐이었습니다.

'부처님, 제불보살님! 이 아이의 아빠를 지켜주시어 이 아이들이 아빠 없는 아이들이 되지 않도록 해달라'고 간절히 기도할 때, 정말이지 1초의 잡념도 없이 간절하게 매달렸습니다. 그런데 1년이 지나면서 차츰차츰 생활고가 걱정되기 시작했습니다. '이제는 내가 가장 역할을 해야 되는데 무엇을 할 수 있을 것인가……?' 그때 스님 말씀이 생각났습니다.

남편이 아프기 전에는 아주 평범한 전업주부로 오전에는 절에서 기도하고, 끝나고는 법당 청소며 제사 있는 날 스님을 도와드리고, 그렇게 하기를 몇 년 한 것 같습니다. 그때 내가 스님께 "저도 막내딸이 좀 더 크면 경제활동을 해야 될 것 같아요. 결혼 전에는 펜대만 잡아봤는데 이제는 나이도 있고 해서 좀 그렇고, 장사는 더군다나 생각지도 못하겠고 고민이 됩니다"라고 했더니만 스님께서 하신 말씀이 보살님도 막내 키우고 나면 불교용품점 하면 좋을 것 같다고 하시기에 "아이구야~, 스님 저는 장사는 '장'자도 모릅니다" 했던 생각이 납니다.

그 일이 계기가 되어 지금은 불교용품과 차茶와 다구茶具용품을 판매하면서 오시는 손님들께 포교도 하며 감사한 생활을 하고 있습니다. 부처님 법은 한 치의 오차도 없다는 것과 세상은 공짜 없다는 것을 너무 실감합니다. 저는 기도 생활을 하지만 삼천 배를 해도 만 배를 해도 꿈을 꿔본 일 없습니다. 그래서 어떨 때는 내가 일념으로 못해서 그러나 했는데 '아하! 이런저런 일을 겪고 보니 이것이 명훈가피력이구나' 하고 감사의 기도를 올립니다.

한번은 큰딸이 카이스트에 다닐 때 꿈이 커서 박사과정을 외국

유명 대학에서 하고 싶다고 했습니다. 딸아이는 '바이오 뇌 공학'을 전공하고 있었는데 가정 형편상 어려우니 '삼성해외장학금'을 받으면 좋겠다고 신청했다고 했습니다. 다행히 1, 2차를 통과했고 마지막 관문인 3차 면접이 남았다고 했습니다. 그 면접만 통과하면 세계 어느 대학이든 합격만 하면 1년에 5만 불씩 주는 엄청나게 큰 금액이었습니다.

제가 해줄 수 있는 것은 기도밖에 없으니 3차 면접 보는 날 스님께 부탁하고 저는 그저 평상시 하는 것처럼 가게에서 《천수경》을 하고 《금강경》을 마치고 불현듯 '스님께서는 아이 면접 보는 시간까지 일념으로 기도하실 텐데……' 하는 생각을 하며 '엄마가 너무 무심하구나' 하는 순간 온몸에 전율이 아주 짜릿하게 전기에 감전된 것처럼 느껴졌습니다. 처음 느껴보는 전율이었습니다. 참으로 이상했습니다.

면접 보는 시간은 오후 1~4시라 했는데, 면접이 끝났다며 오후 6시쯤 전화가 왔습니다. 그럭저럭 전공은 준비해서 잘 보았는데 마음에 좀 걸리는 것이 있다 하기에 뭐냐 했더니 인문학 면접관의 질문이 "천상천하유아독존을 뇌 공학과 연결시켜 설명을 해보라"는 것이었습니다. 아! 어찌 이런 일이 있답니까?

이 말을 듣는 순간, '아…… 스님의 정성 어린 기도와 저의 발원이 그곳까지 닿았구나!'

'부처님의 가피가 그곳에 어렸구나!'

아무리 지면이 넓다고 한들 그 순간의 느낌을 어떻게 글로 표현할 수 있겠습니까? 말이나 글로 표현할 수 없는 그 전율을, 제가 느낀 그 가피력을 글로 이곳에 옮길 수 있다면 얼마나 뜨겁고 짜릿하겠습니까? 제 마음 하나를 잘 표현하지 못하는 것이, 전해드리지 못하는 것이 정말 아쉽습니다. 그렇습니다. 제가 어찌 기적이 일어난 것을 기적처럼 쓸 수 있단 말입니까. 그저 감사드립니다. 그때 큰애는 무사히 합격해서 자력으로 영국에서 박사학위를 취득하고 지금은 독일에서 뇌 공학 박사로 연구하고 있습니다.

저는 평소에도 큰애를 위해 기도할 때는 부처님께 이 아이가 학업 성취해서 인류에 공헌하는 학자가 되게 해달라고 해왔습니다. 그래서 인류를 위한 의학 발전에 회향을 잘하는 큰애가 되었으면 하는 바람입니다.

남편의 일을 통해 저는 수도 없이 목멘 밥을 삼키지 못해 수없이 재채기를 하고 밥알을 뱉으면서 다시 밥을 삼켜야 했던 일을 잊을 수가 없습니다. 세상 어디엔가는 저처럼 목멘 밥을 먹고 있는 사람들이 있을 것입니다. 경제적으로 넉넉한 살림이 아니기에 그분들을 위해 물질적인 도움을 줄 수는 없지만 그분들을 위해 기도의 끈을 놓지 않고 죽는 날까지 부처님의 가피력을 의지하면서 쉼 없이 기도정진 하겠습니다.

나를 위해 다시 태어난 내 남편 범행 김용기 님, 비록 뇌병변 장애 1급이지만 기적적으로 회생하여 나라의 도움을 전혀 받지 않고 일상생활을 스스로 잘하고 있으니 참으로 고맙습니다. 당신의 불심이 없었다면, 불굴의 의지가 없었다면 불가능한 일입니다. 평소의 신심과 공부심에 박수를 보냅니다. 어려운 환경에도 굴하지 않고 꿋꿋하게 자신의 길을 용기 있게 선택한 큰딸 미선이와 아빠를 극진히 생각하는 둘째와 늘 미안하기만 한 막내딸 민서야, 늘 미안하고 고맙고 사랑한다. 우리 가족, 화이팅!

끝으로 저희 가정이 경제적으로 파산이 되지 않고 이처럼 편하게 살 수 있게 도와준 도반들과 불자 여러분들께 감사의 마음을 전합니다. 물심양면으로 기도해주시고 도와주신 스님들과 또 익산 마한 거사림회 박중근 회장님, 거사님들, 서울까지 먼 길 오셔서 힘내라고 기도해주셔서 환자가 좌절에서 일어서고 또 일어서서 오늘이 있게 되었음에 진심으로 감사 올립니다. 또 지금까지도 도움을 받고 있지만 친정 언니, 오빠, 동생들 감사합니다.

그리고 지금도 도움을 주고 계시는 남편 회사 동료분들과 직원 여러분, 상사, 사장님들께 감사의 마음을 전합니다. 이 모두가 부처님의 명훈가피력입니다. 감사합니다.

모든 인연에 감사드리고 또 감사드립니다. 앞으로도 부처님께서 이 땅에 오신 이치를 깨달아 어렵고 힘든 상황에서도 함께 잘 살아갈 수 있는 사회를 위해, 이웃을 돕고 섬기는 자비를 갖게 하시고 베풀 수 있도록 하소서. 지혜와 자비의 마음이 '우리' 안에 충만하심을 깨우치게 하소서. 너와 나, 우리가 모두 하나임을 알게 하소서. 감사드립니다.

꽃 가마

위제야 정진숙

'픽!' 하는 소리와 함께 여기저기에서 큰 비명이 들렸다. 길 가던 행인들이 사고 난 곳으로 우르르 몰려들었다. 인도인지 차도인지 구분도 안 되는 이곳에서 오토바이가 사람을 치고 달아난 것이다. 과속으로 달려오던 오토바이는 나의 옆구리를 세게 치고 쏜살같이 사고 현장을 빠져나갔다. 나는 몇 바퀴를 차도에서 구른 후 내동댕이쳐졌다. 죽지 않으면 심한 상처를 입을 것 같은 큰 사고였다. 같이 길을 건너던 일행들이 달려와 나에게 왔다. 그들은 인도 성지 순례를 위해 한국에서 온 불자들이었다. 그날은 부처님 탄생지인 룸비니를 다녀오면서 네팔 국경에 들러 반납했던 여권을 찾아야 했다. 국경이어서 그런지 꽉 찬 사람들로 정신없는 데다가 자동차와 오토바이가 서로 엉켜 경적까지 울려대는 바람에 아수라장이 따로 없었다. 길을 건널 때에는 건널목이 따로 없으니 차와 오토바이를 특별히 조심하라는 가이드의 신신당부가 있었다. 촉각을 곤두세우며 몇 번이고 확인하며 건넌 길이었다. 도대체 알 수 없었다. 어디서 갑자기 그 오토바이가 속력을 질주하며 나타났는지. 어쩌면 그 사고는 이미 예견된 것이었는지도 몰랐다.

인도 여행을 일주일 앞두고, 난 이유 없이 불편한 마음이 들었다. 기다리고 소원하던 인도 성지 순례였지만 설렘과 함께 드는 알 수 없는 불편한 마음이 어디서 비롯됐는지 도무지 알 수가 없었다. 그때 내가 다니던 안성의 한 절에는 천수천안관세음보살님 점안식이 있었다. 천수천안관세음보살님이 마당 한가운데 우뚝 서 안성 시내 한복판을 내려다보고 있다. 삶의 노고에 지친 중생들을 감싸 안은 듯 보였다. 맑은 가을 햇살도 적당하게 비추어 점 안식을 축하해주었다. 절 이곳저곳은 행사 참여에 오신 분들과 신 도분들의 음식 준비로 분주하다. 나도 육법 공양팀의 한 명으로 부처님께 드리는 공양물을 준비하고 있다. 향, 등, 차, 꽃, 과일, 쌀 등 여섯 가지 중요한 공양물을 준비한 불자들이 곱게 한복을 차려 입고 줄지어 순서를 기다리고 있다. 한복 위에 걸친 비단의 하얀 쾌자는 가을바람에 날리며 우리를 더욱 빛나고 품위 있게 보여줬 다. 참으로 기쁘고 가슴 벅찬 순간이었다. 한 걸음, 한 걸음, 시 낭 송에 맞춰 발걸음을 옮겨 꽃 공양을 올렸다. 행사가 무사히 마무 리되고 신도분들은 각자 나름의 소원을 빌며 관세음보살님께 기 도했다.

문득 오늘을 기념하기 위해 백일기도를 시작하고 싶어졌다. 생 각해보니 불자로서 백일기도나 밤샘 기도를 해본 적이 거의 없었 다. 아마도 나 자신에게 기특함을 선물해주고 싶었던 것 같다. 절 은 우리 집에서 자동차로 10분 거리에 있어 기도하러 다니기에 무리가 없었다. 그렇게 백 일 동안의 새벽기도는 성지 순례 일주 일을 앞두고 끝이 났다. 백일기도를 회향하면서 안전하고 무탈한 인도 성지 순례도 함께 기원하였다.

온몸이 아팠다. 가족이 보고 싶었고 집에서 기다리고 계실 엄마 도 보고 싶었다. 아무리 준비 없이 가는 것이 죽음이라지만 너무 허망했다. 제발 지금 이 순간이 꿈이기를……, 이 사고가 나의 생 의 마지막이 아니기를 부처님께 간절히 기도했다. 흘러내리는 눈물과 함께 눈을 감았다. 희미하게 사람 떠드는 소리가 들렸고 주변에 사람들이 나를 에워싸고 있는 듯했다. 차들이 사람들을 피해 경적을 울리며 조심스럽게 지나갔다. 잠깐의 시간이 더 흘렀는지 신도 일행들이 모두 버스에서 나와 사고 난 곳으로 달려왔다. 주변은 온통 희뿌연 먼지와 함께 냄새마저 답답했다. 눈을 떠보니 하늘이 보였다. 살았다는 안도감에 서럽게 눈물이 폭발했다. 내가 한국을 떠나기 전 이유 없이 들었던 불안한 마음이 이 사고였다고 생각하니 퍼즐 맞추듯 이해가 갔다. 복받쳐오는 감사함과 안도감에 눈물은 그칠 줄 몰랐다. 몸부터 살펴보았다. 다행히 팔다리는 멀쩡했다. 스웨터가 조금 찢기고 바지 무릎에 구멍이 크게 나 있었다. 구르면서 바닥에 쓸렸는지 오른쪽 팔꿈치에 핏자국이 엉겨붙었다. 머리는 먼지투성이에 흡사 재를 뒤집어쓴 듯했다. 천천히 몸을 일으켜 세웠다. 한걸음에 달려온 스님이 나를 안고 관세음보살을 되뇌며 이만해서 고맙다고 했다. 스님도 많이 놀랐는지 입술이 퍼렇게 질려 있었다.

우리 일행 모두는 아직도 그날의 교통사고를 떠올리며 참으로 내가 많이 다치지 않고 살아난 것이 기적 같은 일이고 잊을 수 없는 부처님의 큰 가피라고 말한다. 그때 알았다. 인도 오기 전 내가 왜 새벽 백일기도를 하고 싶었는지. 그 기도가 내 인생에 어떤 전환점을 주게 되었는지 모두 알게 되었다. 스님과 일행이 나를 부축하며 일단 차가 없는 곳으로 갔다. 이 광경을 쭉 지켜보던 행인들도 그제야 안심이 되었는지 뿔뿔이 흩어지며 이방인의 아픔을 위로했다. 스님의 부축을 받고 발을 절룩거리며 버스 안으로 올랐다. 버스 맨 뒤 좌석에 어느새 신도분들이 종이상자 몇 개를 테이프로 붙여 간이침대를 만들어 놨다. 감사함과 서러움에 눈물이 흐르면서 남은 일정을 소화할 수 있을지 걱정이 되었다. 여기저기서 우황청심환과 신경 안정제 등 비상약을 갖고 오셨다. 나는 일단 신경 안정제 몇 알을 먹고 얼굴은 눈물이 범벅인 채로 잠들어 버렸다. 버스가 덜컹거릴 때마다 온몸이 쑤시고 아팠지만 상관없었다. 내가 살아있으니 그것으로 천만다행이다. 그 후 나는 약을 먹고 바르면서 며칠 남은 인도 성지 순례를 무사히 마치고 한국으로 돌아왔다. 서울로 돌아오는 비행기 안이 얼마나 따뜻하고 가슴 벅찼던지 그때의 감정은 지금도 선명하다.

　방 하나를 기도 방으로 만들었다. 그것은 단지 성지 순례에서의 부처님 가피 때문만은 아니었다. 그날의 기이한 현상은 아직도 기억에 선명하다.

　담배 주산지로 유명했던 시골 음성에서 충주로 이사를 나왔다. 광산업을 하시던 아버지가 사업을 접게 되고 외국산 담배가 들어오면서 하고 계시던 담배 농사도 더는 가망이 없었다. 집 마당 한쪽에 있는 황토로 만든 담배 건조실도 이제는 쓸모가 없어졌다. 도시로 이사 나온 이듬해 아버지가 돌아가셨다. 아직 도시 생활에 적응도 못한 가족은 아버지의 부재와 가난으로 길 잃은 양 떼 가족 같았다. 방 한 칸이 우리 가족의 유일한 안식처였다. 그때부터 엄마의 작은 어깨는 늘 움츠려 있었고 얼굴은 수심으로 가득했다. 아마도 세 남매가 기 안 죽고 잘 자랄 수 있을지 늘 염려했던 것 같다. 담배 농사를 하던 경험 덕분이었는지 엄마는 다행히 충주 전매청에 취직이 되었다. 밤늦게까지 엄마를 기다리던 세 남매는 투정 없이 잘 지냈다. 언니와 오빠는 힘든 엄마를 보면서 일찍 철이 들었는지 속 한 번 썩이지 않았다. 엄마 옆에서 늘 그림자처럼 붙어 다녔던 나는 엄마를 조금이라도 기쁘게 해주고 싶어 엄마의 기분을 살폈다. 엄마와 나의 절 동행은 아버지가 돌아가시고 난 후 더 잦아졌다. 아마도 아버지의 부재로 인한 고된 삶의 위로와 삼 남매를 잘 키워야겠다는 의지를 다짐하기 위해서였던 것 같다.

우리 가족은 충주에서의 생활을 정리하고 내가 초등학교 한 학기를 남기고 서울로 이사했다. 서울에서의 생활은 경제적으로 그리 풍요롭지는 않았지만 그래도 행복했다. 앞만 보고 정신없이 살아온 엄마는 입버릇처럼 말했다. 세 남매를 이렇게 반듯하게 키워냈으니 아버지가 항상 엄마에게 꽃 가마를 태워줘야 한다고. 그렇게 말씀하실 때마다 엄마의 목소리는 카랑카랑해졌고 목선은 더욱 빳빳해 보였다. 젊어서 사별해 아버지 사랑도, 대접도 못 받으셨던 엄마는 그렇게라도 보상받고 싶었나 보다. 아마도 우리 삼 남매가 무탈하게 잘 자란 이유는 엄마의 자식에 대한 무한한 희생과 쉼 없는 기도 때문이었을 것이다. 엄마는 절에 가기 하루 전날부터 비린 것은 입에 대지도 않고, 가는 날 아침에는 하얀 밥만 물에 풀어 후루룩 마시고는 정갈하게 몸단장을 하고 가셨다. 그런 엄마가 정성스럽게 느껴졌다. 절에서의 엄마의 간절한 기도는 우리 가족에게 큰 거름이 되어주었다.

엄마는 지금 아버지에게 목에 핏줄이 서게 자식 자랑을 하며 꽃가마 이야기를 하고 계실까?

인도 여행을 마치고 돌아온 나는 엄마 곁을 떠날 수 없었다. 며칠 전 냉장고 문을 열다 십여 년 전 척추 수술한 곳에 금이 갔는지 전혀 거동을 못 하셨다. 병원에서는 압박골절 같다며 약 처방과 함께 집에서 요양하라고 했다. 엄마는 그때 알고 계셨던 것이다. 아버지 곁으로 갈 날이 얼마 남지 않았다는 것을. 난 엄마가 약을 먹고 시간이 지나면 괜찮아질 줄 알았다. 워낙 아픈 것을 잘 견디고 자식에게 걱정 끼치는 것을 유달리 싫어해 자세히 살피지 않으면 엄마가 아픈지 잘 모를 때도 있었다. 당신 걱정하는 자식의 마음이 당신의 아픔보다 더 아팠던 것이다. 엄마의 자식 사랑이 저리도 간절한데 자식 두고 어찌 눈을 감으셨을까. 꿈에도 생각지 못한 엄마의 갑작스러운 죽음은 너무도 두려웠고 낯설었다.

설 연휴를 하루 앞두고 나는 신랑과 애들을 먼저 서울 시댁에 보냈다. 엄마를 돌봐야 해서 올 설 명절은 어머님께 못 간다고 미리 말씀드리고 양해를 구했다. 엄마는 점심을 드시고 낮잠을 주무시러 들어가셨다. 난 밀린 빨래에 청소도 해야 해서 마음이 바빴다. 엄마가 일어나시기 전 집안일을 마치고 간식 준비도 해야 했다. 방문을 조심스럽게 열고 보니 편히 주무시고 계셨다. 난 엄마 머리를 들어 베개를 반듯이 다시 눕히고 이불도 덮어드렸다. 좋아하시는 흑임자 죽이 식을까 걱정돼 엄마를 깨우러 다시 들어갔다. 그것이 엄마와 나의 마지막이었다. 주무시기 전 나에게 말씀하신 것이 작별 인사란 것을 그땐 몰랐었다. 엄마가 말했다. 혹시 내 앞에서 돌아가시더라도 너무 소리 내어 슬피 울지 말라고. 막내딸이 밟혀 떠나지 못하니 대신 기도하라고 하셨다. 그러나 막상 엄마가 내 눈앞에서 돌아가시게 되니 엄마가 했던 부탁도 생각나지 않았고 이 상황을 받아들이기가 너무 고통스러웠다. 무서웠다. 아무도 없는 텅 빈 집에서 나는 어쩔 줄을 몰랐다. 엄마를 살릴 수만 있다면 무슨 방법이라도 해야 했다. 119에 전화를 하면서 심폐소생술을 했다. 땀인지 눈물인지 범벅인 채로 구급대원들이 올 때까지 심폐소생술을 멈추지 않았다. 엄마 숨이 돌아오기만 한다면, 난 언니와 오빠에게 내가 얼마나 무섭고 힘들었는지 생각해보라며 생떼를 쓸 작정이었다.

몇 년 전 엄마가 응급실에 실려 갈 때도 심폐소생술을 하고 깨어난 적이 있었기에 난 그때처럼 또 한 번 간절히 기적을 바랐다. 난 아직 엄마를 보낼 준비가 안 돼 있었는데 엄마는 나에게 반칙을 한 것이다. 그렇게 애지중지하던 막내딸을 이렇게 슬프게 만들고 가시다니. 엄마는 분명 다시 일어나야 했다. 그래서 나에게 작별 인사도 하고 언니, 오빠도 봐야 했다. 엄마가 밉고 야속했다. 하염없이 쏟아지는 눈물에 엄마를 부둥켜안고 지장보살을 부르며 엄마 귀에다 내 얼굴을 파묻었다. 얼음장처럼 차가워진 엄마 얼굴을 나의 뜨거운 눈물로 녹일 수만 있다면, 그래서 다시 한번 엄마의 온기를 느낄 수 있다면……. 하지만 그렇게 엄마는 설 연휴 하루 전에 94세의 나이로 내 곁을 떠나가셨다.

엄마가 돌아가신 후 나는 내내 엄마를 잘 살피지 못한 죄책감에 매일 눈물을 흘리며 엄마를 그리워했다. 조금만 더 일찍 깨웠더라면 엄마가 살 수 있지 않았을까 하는 생각에 하루하루가 힘들었다. 오빠는 엄마를 선산에 있는 아버지 묘에 합장하기를 원했다. 살아생전 부부의 생이 너무 짧아 안타까웠는지 아버지와의 합장묘를 늘 생각하고 있었다고 했다. 언니도 나도 오빠의 의견을 따랐다. 햇볕이 있었지만, 겨울이라 땅이 얼어 있어 엄마가 추울까 봐 걱정되었다. 엄마를 저 차가운 땅에 묻고 발걸음이 떨어지지 않을 것 같았다. 종친 여러분이 묘를 정리하고 아버지 옆에 자리를 마련한 후 엄마의 관을 내리기 시작했다. 아버지와 엄마가 그렇게 몇십 년 만에 만나시게 된 것이다. 난 아버지에게 부탁했다. '그동안 수고 많았던 엄마에게 못다 한 사랑 많이 주세요. 꽃 가마도 태워주시고 엄마 부탁이면 뭐든 다 들어주세요. 아버지 없이 혼자 눈물로 산 세월 이제는 외롭지 않게 아낌없이 사랑해주세요.'

스님께서 염불하기 시작했고 나도 애써 눈물을 참으며 따라 했다. 하관이 끝나고 흙을 덮을 무렵 누군가의 외마디 소리가 들렸다 '저기 봐!' 꽤 큰 소리라 산소에 모여 있던 모든 사람이 그 소리를 들을 수 있었다. 일제히 그가 가리키는 대로 하늘을 올려다보았다. 큰 새 한 마리가 어디선가 날아오더니 바로 이어서 조금 작은 새 한 마리가 뒤따라왔다. 새 두 마리가 잠시 허공에 머물며 우리를 바라보더니 원을 그리며 몇 바퀴를 돌았다. 말이 안 되는 장면이 내 눈앞에서 벌어지고 있었다. 한 쌍의 새는 마치 산소에 모여 있는 사람들만을 위해 공중 쇼를 보여주는 듯했다. 여유 있으면서도 아름답게 원을 그리며 몇 바퀴 돌더니 또다시 우리 앞에 멈칫 서며 눈을 맞추는 듯했다. 난 순간 소리 내어 엄마라고 부를 뻔했다. 산소에 있던 사람들은 그 기이한 광경을 보며 홀린 듯 말 없이 한참을 서 있었다. 작은 새가 바로 내 위에서 멈칫하며 나를 잠시 바라보더니 말하는 듯했다.

'엄마가 미안하다. 너를 많이 힘들게 해서. 네 잘못 아니니 너무 슬퍼 마라.' 참았던 눈물이 주르르 흘렀고 가슴 한쪽에 박혀 있던 돌덩이 하나가 빠져나간 듯 평온해졌다. 엄마에게 답했다. '엄마! 내 걱정하지 말고 아버지와 함께 극락왕생하셔서 내내 행복하세요. 그동안 엄마 때문에 많이 행복했고 엄마 딸로 태어나 감사했어요.' 한 쌍의 새는 다시 한번 허공을 돌더니 큰 새를 선두로 사라졌다. 새 한 쌍이 멀리 사라져 보이지 않을 때까지 한참을 합장하며 서 있었다. 이 장면을 목격한 사람들은 일제히 동영상을 촬영하면서 숙연해지기까지 했다. 기도하시던 스님께서도 참 기이한 광경이라며 이제 마음 편히 어머님을 보내드리라고 했다. 난 알 것 같았다. 나에 대한 엄마의 사랑을. 아직도 자책하며 슬픔에 잠겨 헤어나오지 못하고 있을 막내딸을 생각해 자유롭게 훨훨 나는 새로 나투시면서까지 위로하러 오신 것이다. 엄마 마음도 나처럼 많이 아팠던 것이었다. 엄마가 돌아가시고 조금은 가벼워진 마음으로 사십구재 동안 열심히 기도했다.

집에 마련한 기도방에서 《금강경》,《지장경》,《아미타경》을 독송했다. 기도하며 간절히 바랐다. 한 번만이라도 좋으니 꿈속에서라도 엄마를 볼 수 있게 해달라고. 엄마는 며칠 후 꿈속에 나났고 젊었을 적 모습으로 편안해 보였다. 환한 미소도 지어 주셨다. 엄마가 돌아가시고 시작한 기도는 지금도 변함없다. 인도에서의 죽을 뻔했던 교통사고와 엄마의 죽음으로 난 알게 되었다. 나의 기도와 엄마의 기도가 결코 헛되지 않았음을. 인도 가기 전 백일 동안의 나의 새벽 기도가 기적처럼 나를 살린 것이었다면 자식에게 큰 아픔 없이 잠자듯이 조용히 가고 싶다며 날마다 부처님께 기도했던 엄마는 소원 성취한 것이다. 엄마 없는 외로움과 허전함을 달래기 위해 습관처럼 했던 기도는 이제 나의 평온함과 정진을 위한 또 다른 습관이 되었다.

기도한다는 것은 어쩌면 나를 바로 깨우고 세우는 것이 아닌가 싶다. 기도하며 하루를 시작한다는 것은 공부할 내용을 예습하는 것과 같지 않을까? 몰라도 두렵지 않고 예습한 내용이 있어 편안히 풀릴 내 인생의 한 단원이 아닌가 싶다. 엄마를 만날 때면 나도 엄마에게 꽃 가마를 태워 달라고 말하고 싶다. 내 삶의 성적표가 그리 나쁘지 않으니 기꺼이 태워 줄 것 같다. 가끔은 나의 기도가

내 인생에 나침반이 되어주고 촛불이 되어준다면 내 삶에 더 이상
의 버팀목은 없을 것이다. 앞으로도 나는 기도하는 수행자의 삶을
살 것이다. 나의 기도가 나와 이웃에게 선한 영향력으로 전해져
하루하루가 평안하고 행복했으면 좋겠다. 더 나아가 부처님 법을
공부하고 실천하는 참다운 불자가 되기를 기도한다.

모든 것은 변하고
변하지 않는다

― 불교방송 사장상 ―

법신행 김복자

안녕하세요. 저는《불교방송》에 감사한 마음 먼저 전하고 싶습니다. 왜냐하면 예전에 정목 스님께서 방송하실 때부터 즐겨듣다가, 어느 날 새벽 5시에 능인선원 지광 스님 법문을 듣게 되어 그때부터 지금까지 그 시간을 놓칠세라 열심히 챙겨 들으면서 그중 혜거 스님의 유식법문, 그리고 참으로 여러 스님의 말씀을 말할 수 없이 잘 듣고 있습니다. 고승열전 또한 얼마나 좋은지요. 예전에는 말로만 듣던 원효대사, 의상대사, 자장율사, 그 외 많은 선사님을, 고승열전을 통해서 실제로 그분들을 보는 것 같아서 어느때는 가슴이 저려오는 느낌도 참 많았습니다.

그 많은 분들의 뼈저린 고행이 아니었다면 어떻게 우리가 오늘의 행복을 꿈에도 생각해볼 수 있었겠습니까? 오늘의 엄연한 현실을 생각할 때 너무나도 가슴 벅찬 이 마음은, 어떻게 말로 다 표현할 수 없는 무한 감사함뿐입니다. 이번 달에 끝난 겸익 스님 법문까지 정말 잘 들었습니다.《불교방송》에 정말 감사합니다.

저는 고향인 경기도 이천에서 어린 시절을 보냈는데, 아주 어렸을 때 어머니를 따라서 절에 가면 신중전 그림이 그렇게 무서운 마음이 들어서 절을 싫어했습니다. 그런데 저의 어머니께서는 추수를 시작하면 제일 먼저 부처님 전에 올리는 공양미는 깨끗해야 된다면서 정성 들여 챙겨두셨다가 절에 가실 때는 4km가 넘는 거리를 이고 다니셨습니다. 또한 저희 마을은 약 6km가 넘는 길에 집들이 늘어져 있어서 '긴 동네'라고 했습니다. 우물이 중간에 한

군데밖에 없어서 저의 집에서는 좀 먼 거리인데도 저의 어머니는 매일 새벽마다 물을 떠다가 그릇에 담아 솥과 솥 사이에 정성 다해 놓으셨습니다.

　저의 집은 8남매에 오빠 한 분 계시고 저는 셋째 딸입니다. 저는 스무 살이 될 무렵 도시의 오빠 집에 가게 되었습니다. 그곳에서 약 2km 정도 떨어진 곳에 성당이 있었는데 그곳을 지나다니면서 보니까 하얀 미사보를 쓰고 사람들이 기도하는 모습이 너무 좋아 보였습니다. 저는 그곳에 다니고 싶은 마음이 생겼고, 어머니께서 오랜 세월 절에 열심히 다니셨기 때문에, '너는 결혼한 다음에 성당에 가라'는 어머니 말씀에 갈등이 왔지만 그래도 성당에 나가기 시작했습니다. 그런데 그 당시에는 영세를 받아야만 하는데 320문답을 다 외워야만 받을 수 있다고 해서, 저는 문답을 외우기 위해 수녀님과 약속을 하고 매일 저녁 수녀님과 마주 앉아 외운 대로 확인을 받기 위해서 밤길이 무서운 줄도 모르고 열심히 다녔습니다. 320문답을 확인받고 영세받을 날을 약속하고 돌아왔는데, 어느 날 밤에 꿈이 너무나 무서워서 아침에 일어나서 성당 쪽을 바라볼 수도 없었지요.

　그래서 저는 성당 다니기를 그만두었지요. 그 후 수녀님을 생각하면 얼마나 걱정하셨을까, 생각할수록 죄송한 마음뿐입니다. 그 후 서울에서 몇 해 지내다 보니 친구들 만남과 모임도 갖고 잘 지내고 있었는데 한 친구가 유난히 저에게 가까이했습니다. 그 친구는 어머니를 일찍 여의고 계모가 낳은 동생들과 같이 넉넉한 가정에서 잘 지내면서, 부모님께서 그 당시 미도파 백화점에 의류점을 내주셔서 그것을 맡아 하고 있었지요. 그래서 저희 친구들은 그 친구를 만나려면 언제나 명동에서 모이게 됐는데, 그 당시에는 지금처럼 모든 것이 보편화되지 않았기 때문에 명동이란 곳이 유명 연예인들도 많이 모이고 볼거리도 많고 참으로 화려한 곳이었죠.

저는 그 친구와 오랫동안 만나면서 잘 지냈습니다. 어느 날 그 친구가 저에게 하는 말이 "우리 결혼하지 말고 자선 사업하는 마음으로 사는 것이 어떠냐?"고 묻는 거예요. 그래서 저는 망설임 없이 그러자고 했습니다. 우리가 왜 그런 생각을 하게 되었는지 생각해보면 주변에 결혼 생활하는 사람들의 말을 들어보면 별로 행복해 보이지 않았기 때문이었지요.

어느 때는 그 친구와 찻집에 앉아서 이야기하고 있는데 어느 아름다운 여인이 네 살쯤 되어 보이는 귀여운 남자아이를 데리고 누구를 기다리는지 앉아 있다가 저희에게 하는 말이 "아가씨들 참 부럽네요. 아가씨들 결혼하지 말고 사시면 참 좋겠네요" 하는데, 저희가 보기에는 행복한 결혼 생활을 하는 여인처럼 보였는데 말이죠. 그분이 우리에게 한 말이 또 예사롭지 않게 다가왔습니다. 그 후 우리는 약속은 하지 않았지만 그런 말을 자주 하게 되었습니다. 그 당시에는 스물네다섯 살이 넘으면 올드미스라고 말들을 하기도 했습니다. 그렇게 지내다가 한동안 그 친구와 만나지 못했는데 어느 날 만나서 하는 말이 자기 약혼했다고, 다음에 약혼자를 데리고 나와서 인사시켜 주겠다고 하는데 저는 놀랐지요. 그후 저는 이런저런 생각 끝에 2년 후 제 나이 스물아홉 살에 결혼을 했습니다.

큰언니가 결혼해서 고려당이라는 제빵집을 할 때에 제가 그곳에 가서 하루하루 매상 관리를 해준 적이 있는데 그때 제 나이가 23세였어요. 그곳에 손님으로 다니던 어떤 사람이 그때부터 어쩌다 한 번씩 찾아오는 거예요. 제가 어떠한 말을 해도 여전했습니다. 조건을 본다면 시골에서 8남매 장남, 남동생 4명, 여동생 3명인데 종가댁이어서 집안에 대소사도 많고 집안 형편도 좋지 않은 입장이었습니다. 그 당시 언니, 오빠가 여러 가지 조건이 괜찮은 사람들을 소개해주었지만 왠지 제 마음속에 이렇게 오랫동안 잊지 않고 있는 사람을 배척한다는 것은 제 자신이 용납되지 않고, 어차피 결혼을 한다면 이 사람이 저의 인연으로 마음이 굳혀지면서 '전혀 모르는 곳에 가서 봉사하는 사람도 있는데', 그런 마음으로 했지요.

그런데 하루하루 지나면서 보니까 남편이 무슨 약을 먹고 있더라고요. 무슨 약이냐고 물어보니까 결핵약이라는 거예요. 저는 너무 놀랐지요. 그 당시 남편 나이 31살인데 남편은 너무 야윈 상태였지요. 그러던 어느 날 검사를 해보니까 진단 결과 가재도구, 심지어는 방까지 따로 쓰라고 하는데 신혼 3개월 정도였고 단칸방에 사정상 따로 지낼 만한 아무 조건이 되지 않아 그 어떤 방법도 취할 수가 없었습니다. 저는 걱정은 되었지만 한편 용기가 생기는 것이, '그 어떤 일이 있어도 나는 이 사람을 건강하게 할 거야' 하는 마음이 들면서, '이 병에 좋은 것은 어떻게 해서라도 해주어야지' 하는 마음이었습니다.

그 후 열심히 노력하다 보니까 3개월에 한 번씩 검사를 받는데 점점 좋아지고 체중도 좋아지기 시작했습니다. 그러면서 많이 좋아진 상태에서 결혼한 지 1년 조금 지나서 저는 첫 출산을 했습니다. 이때가 1971년 8월이었습니다. 그 당시로서는 30세, 늦은 나이의 출산이었지요. 당시 임신 중에 검사 결과는 문제가 없다고 했는데 정상 분만을 하지 못하고 수술을 받게 되었지요. 그 와중에도 건강하게 태어난 아기가 참으로 고마웠습니다. 그 후 어렵지만 잘 지내고 있는데 시골에서 어머니께서 너무 많이 편찮으셔서 오셨는데 병원에 모시고 가서 검사해보니까 배 안에 큰 혹이 생겨서 수술하지 않으면 생명이 위험하다고 해서 곧바로 수술을 했습니다. 의사 선생님께서 배 안에 있던 혹이라면서 보여주는데 순간 너무 놀라운 것이 남자 어른 주먹만 한 혹이어서, 보는 순간 '이렇게 큰 것이 어떻게 배 속에 있을 수 있을까? 또 얼마나 고통스러우셨을까?' 만감이 교차하는 순간이었습니다.

제가 결혼 전에 모아둔 것이 생활에 보탬이 되어, 어렵지만 그래도 용기 내어 지내고 있으면서 자신에 대한 의문이 생기기 시작했습니다. '이렇게 어렵고 힘든 과정들이 왜 나에게 오는 것일까?' 하는 생각을 친정어머니께 말씀드렸습니다. 물론 친정어머니께서도 모든 것을 알고 계셨지요. 어머니 마음 또한 얼마나 아프셨겠습니까? 어머니께서는 제게 이제부터 절에 다녀보라고 하셨습니다. 그 후 저를 데리고 절에 가셔서 절하는 법도 가르쳐주시면서 계속 열심히 다녀보라고 하셨습니다. 그 후부터 생각날 때만 잠시 다녀오는 정도였는데 왜인지 제 느낌이 점점 좋아지는 겁니다. 그 당시에는 절은 산에 가야 있고 포교당이라는 것은 생각도 할 수 없었고, 불상을 모셔놓은 곳은 어쩌다 만신 아니면 점집밖에 쉽게 갈 수 있는 곳이 별로 없었으니까요.

가슴으로는 '가야지' 하면서도 열심히 다니지 못하고 있다가 세월이 많이 지난 1980년도 부처님오신날에 텔레비전에서 전국 사찰 여러 곳을 보여주는데, 그때 생각한 것이 예전에 나를 성당에 가지 못하게 한 그런 곳이 있다면 아무리 멀어도 가야겠다는 생각이 드는 거예요. 그런데 아무리 보아도 그런 곳이 보이지 않아서 친정어머니께 말씀드렸더니, 그러면 내가 다니는 절에 가보라고 하셔서 어느 날 저는 친척 언니와 같이 그곳을 찾아갔습니다. 그런데 이게 웬일입니까? 높은 산은 아니지만 절 입구에 들어서자마자 옛날에 꿈에서 본 그 모습이 그대로 보이는 겁니다. 순간 참으로 신기했습니다.

절에 올라가 참배를 하고 그때부터 열심히 다니기 시작했습니다. 당시에는 절에 다닌다고 해도 요즘처럼 공부는 전혀 모르고, 소원하는 마음으로 다니면서 의지하는 마음이 편안해질 수 있었습니다. 시골에는 1년에 5일 정도 정해진 날 다니고 그 외에는 가끔 다니는 분도 많이 계시지만, 저의 경우는 마음이 불편하면 법당에서 가만히 앉아 있기만 해도 마음이 편해지면서, 사람들과의 관계에서도 그곳에 앉아 있으면 모두 용서가 되면서 모든 것이 나의 잘못이라는 생각을 하게 되니까 마음이 가벼워지고 더 자주 가게 되었습니다.

그 당시에 70세가 넘으신 스님 한 분이 계셨는데 항상 조용하시고 바깥일을 열심히 하셨습니다. 저는 불자라면 무엇인가를 알고 싶고 배우고 싶어서 하루는 스님께 "스님, 저희에게 좋은 말씀 좀 해주시면 좋겠습니다" 하니까 스님은 앞으로 절에 열심히 다니라고 하셨습니다. 그때부터 열심히 다니면서 생활도 좀 나아지고, 어느새 아이들이 대학에 가게 되니까 더욱 열심히 절에 다니게 되었고, 이때는 서초동에 살면서 그 당시 집에서 가까운 수안사에 새벽기도도 다니고 낮에는 구룡사에도 다니면서 절에 가는 시간이 점점 더 늘어가는 때였죠. 그러던 중에 아이들이 대학입시에 떨어지고 나서 저는 새로 시작하는 마음으로 매일 아침 새벽에 일어나 《천수경》, 《반야심경》을 보며 108배를 하고, 아이들 도시락 준비해서 학원에 보내고, 마음으로는 항상 합격 발원했습니다. 그 당시, 서초동에 있을 때 두세 번 가본 적이 있는 능인선원이 구룡사 근처로 이사 와서 불교 공부를 한다는 것을 소문으로 알게 되었습니다.

그래서 저는 친구와 찾아가서 공부하기로 하고 접수를 했습니다. 불교 공부라는 자체만으로도 마음이 설레고 기뻤습니다. 그런 마음으로 다니다 보니까 '부처님 말씀 전해주시는 스님, 너무 감사합니다', 그때부터는 삶 자체가 즐거움이었습니다. 표현하기가 좀 그렇지만 물이 없는 곳에 있던 물고기가 물을 만난 것처럼 저에게는 생명수와 같았습니다. 봄, 가을에는 삼천 배도 하면서 그렇게 열심히 지내다 보니, 어느새 아들은 입대한 지 어느 정도 되고, 딸 역시 대학 다니다가 미국으로 연수 가서 공부 중이고, 저는 어느 날 삼천 배 철야정진을 하고 아침에는 예술의전당 뒤에 있는 우면산에 올라가 서초동 일대 많은 아파트를 보면서 '저 많은 집안에 살아가는 사람들이 삶에 힘들고 어려움이 있다면, 그 많은 분들이, 아니 아주 행복하다고 하는 모든 분들이 우리 부처님 말씀을 듣고 공부해서 행복해졌으면' 하는 생각도 해본 적이 있습니다.

그렇게 잘 지내다가 이건 또 무슨 일인지요. 저희 남편은 40대

중반부터 당뇨, 간염이 있어서 보리와 잡곡밥을 먹어야 하고, 아침저녁으로 간염에 좋은 미나리와 채소즙을 매일 한 컵씩 마시고 있었습니다. 그런데 간염에는 술이 좋지 않은 것인 줄은 누구나 아는 것이지만 남편은 늘 조금씩 마시다가, 동생이 시의원을 세 번 출마했다가 두 번 당선되고 한 번은 낙선됐는데, 그 선거 때마다 술을 계속 마시다가 어느 날 검사해보니까 수술도 할 수 없는 간암 판정을 받았습니다. 그 당시 성모병원에서의 심정은 말할 수 없는 아픔이었습니다. 모든 것을 생각하면 참담했던 기억이네요. 그 후 항암치료를 받다 보니까 머리는 완전히 빠져버리고 기운이 떨어져 큰길 횡단보도를 한 번에 건너가지 못하고 중간에 서 있어야 하는 상태였으니까요.

너무 답답하고 걱정스러워 담당 선생님께 얼마나 생존할 수 있겠는가 알아보니, 잘하면 이대로 5년이라고 하는데, 얼마 못 갈 것 같은 느낌이 들어서 저는 또 결심했습니다. '반드시 할 수 있다'는 마음으로 아침마다 하는 108배도 있지만, 병원에서 저녁 10시까지 환자를 돌보고 집에 와서 '108배만 해야지' 하고 절을 시작하면 저도 모르게 육칠백배를 하는 겁니다. '관세음보살님, 살려주세요! 약만 주시면 그 어디에도 찾아가겠습니다' 하고 절을 끝내면, 환자가 당뇨 때문에 병원 밥을 먹을 수가 없으니까 잡곡밥을 가져가야 해서 그때부터 아침밥 준비하고 잠시 잠들었다가 병원 7시까지 가야 하는 바쁜 하루였습니다.

어느 날 제 막내 여동생한테서 전화가 왔는데 시숙님 친구 동생이 중국의 병원에서 근무하는데 한국에서 고칠 수 없으면 한번 중국으로 와보라고 하더라고요. 저는 그 말을 듣는 순간 무조건 가보자는 마음이었습니다. 그때만 해도 우리나라보다 중국이 여러모로 뒤처져 있었기 때문에 남편은 가지 않겠다고 하는데, 설득시켜서 가게 되었습니다. 중국 심양이라는 곳의 공항에 내리니까 한국 의사분이 승합차를 가지고 오셔서 함께 타고 병원으로 가다가, 저녁때가 되어서 저는 그분에게 한국식당으로 가자고 했습니다. 식당에 가서 제가 그분께 여기서는 어떤 방법으로 치료를 하시는지 물으니, 한국에서는 약으로 암세포를 제거하는데 그러다 보면 정상세포도 희생되지만, 자신의 방법은 "정상세포에 힘을 실어서 강해지면 암세포는 자연히 약해질 수밖에 없다"는 원리라는 말씀을 듣고 나니까 왠지 순간 '살았구나' 하는 자신감이 왔습니다.

병원에 가니까 병실 양쪽에 일인용 침상이 깨끗하게 놓여 있었습니다. 그런데 암환자라고 아무도 들어오지 않고 식사도 병실로 가져다주고, 병원 식당은 가본 적이 없습니다. 그런데 약을 보니까 아침저녁 공복에 딱 커피 한 잔처럼 따뜻한 물에 가루약을 의사 선생님이 직접 타주시고 그 이상 다른 것은 아무것도 없는데, 3일 후 검사 결과에는 수치가 약간 내려갔다고 했습니다. 그런데 신기하게도 그날 밤 꿈을 꾸다가 잠이 깨어서 시간을 보니까 새벽 2시였는데 꿈속에서 약을 얻는 꿈이었습니다.

저는 '이제 살았구나' 하고 조용히 앉아서 '관세음보살님, 감사합니다' 계속 감사기도를 했습니다. 그 후 저는 어린애를 두고 오는 마음으로 서울로 왔습니다. 저는 5일 만에 오고, 환자는 20일 있으면서 좋아져서 약을 가지고 집에 와서 먹으면서 약이 떨어지면 그곳에서 보내주고 하면서 많이 좋아졌습니다. 얼마 후 검사를 해보니 담당 선생님께서 도대체 집에서 무엇을 먹느냐고 묻는데 중국 병원에 대한 말을 못 했습니다. 그리고 저는 공기 좋은 시골 쪽으로 알아보다가 성남 남한산성 밑에 있는 아파트로 이사를 하고 아침부터 산에 가서 지내고 월정사 3박 4일 템플스테이도 다녀올 수 있었습니다.

그 후 남편은 건강해져서 간염까지 없어졌습니다. 그 후 10여 년을 잘 지내다 어느 날 검사를 하니까 신장에 조금 이상이 있는데 간단히 수술을 하면 된다고 했고, 다른 종합병원에서 검사를 해봐도 같은 진단이 나와서 삼성병원에 입원하여 간단히 치료하고 일주일이면 퇴원한다고 했습니다. 그런데 수술 일주일 있다가 무엇이 잘못돼서 다시 재수술을 하고, 일주일 후 또다시 세 번째 수술을 했지만 3개월 만에 병원에서 육옷을 벗었습니다. '우리 부처님 법에는 오고 감이 없다.' 그 당시 시동생들이 의사 선생님 상대로 법적 문제를 거론하는 것 또한 보기 힘들었지요.

저는 절대 말렸습니다. '내가 그들의 입장이라면 어떠하겠는가?' 하고 '어차피 돌아올 수 없는데, 그 누구도 가는 길은 알 수 없는 것인데 조용히 하고 좋은 곳으로 가실 수 있도록 하자'고 말입니다. 그리고 제가 울지 않고 조용할 수 있었던 것은 1988년도에 친정어머니께서 편찮으시지 않으셨는데 주무시다가 아버지께 "나 갈 테니까 잘 있으라"고 깨우시고, 아버지께서 자다가 "어디 가느냐?"고 하시니까 "나 이제 간다니까" 하시고 돌아가신 일 때문입니다.

제가 1년을 두고 시도 때도 없이 눈물을 흘린 것을 생각하면 참으로 어리석었던 것이, 어머니의 따뜻하고 지극한 사랑을 알지 못하고 가신 뒤에 흘린 눈물은 욕심과 집착인 것을 알게 되면서 눈물도 슬픔도 본래 없다는 마음으로 조용히 있을 수 있었습니다. 그리고 '생각해보면 참 많이 걸어왔구나' 하고 돌아보니, 한순간 지나가는 영화 필름 같고 밤새 꿈속에서 잠이 깬 아침 같기도 합니다.

이제는 모두가 감사함뿐입니다. 생각해보면 예전에 화엄사에서 자려고 하다가 해 질 무렵 친구와 둘이 한밤중에 노고단을 올라가 산장에 도착했다가 새벽에 뱀사골 그 아름다운 계곡을 내려오면서 허기진 몸이지만 당시에 느꼈던 감사함, 남편이 돌아가기 1년 전 대청봉에 올라갔다 봉정암에서 자고 내려올 때 느낀 감사함, 올라갈 때 감사, 내려올 때 감사함이었습니다. 오르고 내림이 어디에 있겠습니까? 내 안의 빛은 언제나 감사의 빛을 밝혀주고 있는데 무엇이 그 빛을 가리고 있는지요. 그것을 보려고 어느 선원에서 백골관, 신사관, 혜거 스님 계시는 금강선원 다니면서 찾아보니까, 결국에는 찾아다니는 것이 아니고 자신이 그 빛을 가리면 못 보고, 제거하면 보이는 것을 말입니다.

　자신만 마이너스하면 '빛을 가렸다, 가리지 않았다' 할 것도 없이 모두가 그대로인 것을……. 우리 모두가 끊임없이 자신을 마이너스하고 그곳에서 새로운 자신과 만나 함께할 때, 우리 모두 하나 되어 아름다운 이 지구가 더욱 아름다운 연꽃으로 피어날 것입니다.
　감사합니다. 두서없이 길어졌네요. 정말 감사합니다. 용기 내어 봤습니다. 우리 함께 사랑합시다.

부처님 미소
닮아가기

소연지 김상아

수많은 날 가슴 졸여가며 발버둥 치고 눈코 뜰 새 없이 힘겹게 살아온 무게에 짓눌리고 있습니다.

맹구우목盲龜遇木보다 더 어려운 사람의 몸으로 잉태되고서도 기억되는 인연의 바람조차 느끼지 못했습니다.

깊은 어둠이 내리면 복받쳐 오르는 울혈로 시든 꽃 영혼 없는 박제마냥 가위눌리다 스스로 지쳐갔습니다.

유달리 서글픈 신새벽 어스름 깨어남을 알리는 이름 모를 산새 소리에 모진 현실이 널부러진 조각들마냥 뒹굴고 있음을 자각할 뿐이었습니다.

실낱 같은 미련을 아픈 마음 가리개 삼아 이 어둠이 걷히기를 울타리 없이 떨고 있는 초라한 별빛으로 위안을 삼았습니다.

스스로 도진 병은 온몸 구석구석 메말라 뒤틀어지고 엉클어진 가슴으로 시린 아픔과 함께 누구를 향한지 모를 한숨 섞인 기도만이 흘러나왔습니다.

기억이 시작되었을 때 저는 이미 진여원이란 시설에 비슷한 환경의 아이들과 함께하고 있었습니다. 뒤에 알게 됐지만 입양 후 파양까지 겪은 후라 심한 분리 장애로 정상적인 생활이 힘들 정도였다고 합니다.

그래도 다 그런 줄 알고 생활하다 햇살이 퍼진 봄날 즈음 초등학교 병설유치원에 입학하게 되었습니다.

유치원에 입학하고서야 '엄마, 아빠'라는 말을 알게 되었습니다.

남들 다 있는 엄마, 아빠가 없다는 사실이 오랫동안 큰 충격으로 다가왔습니다.

해거름에 산 그림자 길게 드리우면 불도 켜지 않는 방 한켠에 어린 마음을 보듬어 안고 바퀴벌레 모양으로 쭈그려 어둠 속 거미줄을 더듬고 있었습니다.

운 좋은 어느 날은 꿈결 속에서 마음씨 좋은 봉사자의 얼굴에 엄마 모습 전이轉移되어 웃음 지을 때도 있었습니다.

만추의 홍엽처럼 고운 치마 입으시고 호수 같은 큰 가슴으로 꼬옥 껴안아주는 그런 꿈이었습니다.

익숙해지기는 했지만 이런 일들은 취학 후에도 오랫동안 나의 설움인 양 가슴을 앓았습니다.

누군가 다시 온다는 서툰 약속에 기다리는 아이가 있으면 그 아이가 마냥 부러웠습니다.

하지만 기다림조차 기억에 없는 배신은 가슴 밑바닥 너머 숨이 턱턱 막히게 하였습니다.

취학하기 위해 호적을 만들어야 한다고 합니다.

지금 생각하니 세상에 흔적조차 없이 살아왔던 것이었습니다.

처음으로 서울의 큰 병원에 나들이를 하였습니다.

병원에서 나이 감별하여 법원에 제출해야 한다 합니다.

병원 결과지가 나온 후 원장스님은 생일을 정해주셨습니다.

다들 있었던 생일조차 없어 슬퍼한다기보다 새로 생긴 생일에

마냥 기뻤습니다.

원장스님이 주신 생일은 5월 8일 어버이날이었습니다.

따로 말씀하시지는 않았지만 지금의 나이쯤 이해하리라 생각하신 듯합니다.

시골의 초등학교는 면 소재지의 상징물이자 지역 출신들의 모태와도 같은 장소였습니다. 작은 학교답지 않게 역사가 오래되었다지만 지금은 도회지의 한 반도 안 되는 전교생을 가지고 있는 곳이었습니다.

진여원 아이들이 40명 중 10여 명이 되었기에 기죽을 필요조차 없었는데도 아이들과 거리두기를 하였습니다.

마음에 두고도 만나지 않았습니다.

눈물이 나도록 말하고 싶었지만 말하지 않았습니다.

아이들과 그 곁에서 사람의 냄새를 맡고 싶었지만 다가서지 않았습니다.

행복에 겨워하는 목소리를 들을 때는 스스로 두 귀를 막았습니다.

세상을 향한 나만의 저항이었습니다.

그리고 스스로를 향한 자학이었습니다.

그들과 다른 세상에 존재한다고 믿었습니다.

그들은 나의 세상을 이해하지 못한다고 생각했습니다.

나의 행복이 나에게 용납되지 않았습니다.

시내에 있는 중학교에 진학하고 나서도 이런 상황의 별다른 변화는 없었습니다.

어느 날 원장스님께서 아이들을 불러 모았습니다.
중학교 3학년 때쯤이니 고등학교 진학으로 한참 고민하고 있을 때였습니다. 대학교 진학보다는 빨리 취업해서 나만의 독립을 심각하게 고민하고 있었습니다.
동아리를 만들자는 것이었습니다.
지도해줄 수 있는 여건이 되는 요리동아리, 영어동아리, 자전거동아리, 그리고 불교동아리였습니다.
딱히 의욕적이지 않았지만 어릴 적부터 법당예불에 익숙했던 저는 불교동아리를 선택했습니다.
불교동아리는 원장스님이 직접 지도해주셨습니다.
원장스님과의 가끔의 만남과 대화가 동토의 햇살만큼 반갑기도 했습니다.
하지만 지금까지의 시간들로 남겨진 체취들이 내 마음의 화살이 되어 왔고 저는 그 과녁이 되고 있었습니다.
또래 아이들보다는 어린아이들이 좋아진 것도 그때쯤이었습니다.
새봄, 피어나는 새싹 같은 아이들의 순수함이 그 시간만큼 내 마음의 화살촉을 무디게 하는 것 같았습니다.
막연하게 아이들을 돌보는 직업을 가지고 싶다는 생각이 처음

들기 시작했습니다.

고등학교는 평소 생각했던 대로 실업계를 선택하여 진학하였습니다.

빠른 자립으로 이곳을 벗어나는 것이 나만의 세상에서 탈출하려는 작은 몸부림이었는지 모르겠습니다.

진여원에서 하는 프로그램 가운데 정서 발달 프로그램이 있었는데 그중에 템플스테이 프로그램을 원장스님이 추천하였습니다.

긴 시간이 아닌 짧은 2박 3일의 일정이었습니다.

계곡 물안개가 여울진 묵은 숲길을 지나 오대산 월정사가 있었습니다.

가람의 크기가 위압적이어서인지 작은 가슴이 더욱 오그라드는 듯했습니다.

적광전을 비롯해서 팔각구층석탑은 오랜 세월의 이야기를 담고 있는 것 같았습니다.

그저 일상적인 일들이 일어났습니다.

템플스테이 소개와 발우공양과 예불이 이어졌습니다.

그리고 저녁 공양 후 간단한 설명과 함께 참선하는 시간이 있었습니다.

원래 내재한 부처의 성품을 원만구족圓滿具足하고 있으며 청정무애淸淨無碍한 부처의 속성을 누구나 차별 없이 가지고 있다는 참선 전 말씀이 맴돌았습니다.

어느 책에선가 읽은 기억이 있는 임사체험에서는 생전 일들이 파노라마처럼 펼쳐진다고 했던 것이 나에게도 스멀스멀 올라오고 있었습니다.

마치 속살을 도려내는 아픔과 수치심으로 가득하면서도 기억나지 않던 어릴 적 일들이 주마등처럼 흘러가고 있었습니다.

이 어린 나이에 왠지 모를 죽음의 두려움으로 온몸은 몸서리치고 있었던 것입니다.

왜 그랬을까! 세상에 흔적 없이 사라지는 것이 두려웠을까! 남들이 우러러보는 정상을 향하지 못한 좌절일까! 무인절도에 스스로 감금된 나에게도 그리움이 남아 있었던 것일까! 아니면 사랑에 가슴 아파하지 못한 후회일까!

봉인된 물음표 앞에서 지난 시간들은 힘겹게 뇌리를 훑고 있었습니다.

세상의 잡다한 소리 대신 계곡의 물소리는 음률이 되어 가팔라진 골짜기 속 바람에 어우러집니다.

밤하늘 끝에 달이 스러지고 새벽조차 익지 않는 도량으로 목탁소리가 이슬을 깨우고 있습니다.

지옥중생의 업장이 무너지는 소리에 대지가 울리더니 어리석은 중생들의 심장에 법고가 울립니다.

아침 예불이 신심 나는 스님들의 합송으로 마무리되고 따로 108참회를 하기로 했습니다.

마음 안에 바람이 일고 비가 내리기 시작했습니다.

목멘 갈증에 숨죽여 우는 바람이 조각되어 기억의 파편들로 부서지기 시작했습니다.

부끄러운 속살이 드러나는 듯 묵은 슬픔을 토해내기 시작했습니다.

가슴을 베이는 아픔에 숨을 쉬는 것조차 힘이 들었습니다.

절망의 동아줄이 희망인 양 눈물 차는 눈가로 시린 바람이 매섭습니다.

풀어헤치지 못한 마음 얼마나 더 아파야 봄 햇살 기다리는 그리운 마음이 잉태될까요!

오체五體를 던져 태운다면 겨울 들판 온몸을 내놓고 기지개를 켤 수 있을까요!

간밤에 꾼 꿈처럼 아침이 되면 백지가 되어 하루를 시작할 수 있을까!

찢겨 나간 시간들과 손 시린 바람들도 홀로 선 나무에 꽃을 피울 수 있을까!

템플스테이 프로그램 이후 원장스님께서 차담하자는 문자에 갔더니 갓 따온 목련차를 준비하고 계셨습니다.

일상적인 대화가 오가다 대학 진학을 하는 것이 어떠냐는 의견을 물어보는 것이었습니다.

그래서 말씀드렸습니다.

오대산 월정사를 다녀온 후 정리되지 않았지만 변화가 있었으며 긍정적으로 생각하고 앞으로의 계획을 세우겠다고 했습니다.

스님께서는 말씀하셨습니다.

"알아차린다고 해서 바로 부처가 되고 원하는 바를 성취하면 얼마나 좋겠니! 하지만 지난 시간들에 익숙지 않은 습관들을 익숙하게 바꾸고, 부정적이고 해태하게 된 익숙한 마음들을 익숙지 않게 하는 것이 공부고 기도란다."

진여원 뒷산 작은 계곡 작은 도랑에도 봄볕이 들기 시작했습니다.

지난 시간 스산하기만 하던 진여원은 따스한 햇살이 드는 보금자리 품속 같습니다.

무채색이던 바람은 무지갯빛 수다쟁이가 되어버렸습니다.

소홀했던 학교생활 덕에 좋은 학교에 진학하지는 못했지만 나름 원장스님과 그동안 알게 모르게 저를 위해 애쓰신 진여원 선생님들처럼 사회복지사가 되기 위해 사회복지학과를 지원하였습니다.

2년 과정을 마치고 4년 과정에 다시 편입하여 어려움이 없이 다니는 것이 부처님과 많은 분들의 은덕이라 생각됩니다.

진여원 법당 부처님께 발원합니다.

이제 길게 드리워진 기억을 가지고도 미소 짓고 살겠습니다.

흩어져버린 사랑의 조각들에 가슴을 저미게 하지 않고 그 흔적에도 감사해할 것입니다.

겨우내 얼었던 땅에도 햇살 품은 바람이 불고 있듯이 저의 봄 뜨락에도 부처님 향기 가득한 마음 밭을 일구겠습니다.

새벽에서 노을 지는 어둠에까지 영혼의 길잡이로서, 구름의 향기로서, 별빛의 눈물처럼 마음에 부처 향기 가득하게 하겠습니다.

마당 너머 햇살이 이제 방 안을 가득 채우고 있습니다.

비우니
채워지더라

도광 김병우

생명나눔실천본부 이사장상

포교사가 되고부터 내 삶에서 크게 달라진 부분이 있다면 장례식장 출입이 잦아졌다는 것이다. 포교팀 총무로부터 장례식 염불봉사 시간을 통보받으면 가장 먼저 하는 일이 일상복에서 포교사복으로 갈아입는 일이다. 옷이 바뀐 것 말고는 달라진 것이 없는데도 이때부터는 '일상의 보통 사람 나'에서 '근엄한 포교사 나'로 변신한다.

오늘은 또 어떤 주검을 만날까? 시간에 늦지 않으려고 바삐 서두르면서 현관문 신발장 거울에 비친 내 모습을 본다. 최종 점검하듯이 한 번 더 짧은 머리를 손빗으로 다듬고 옷매무새를 살핀다. 염불 봉사에 임하는 자세와 마음가짐이 제법 성숙해졌다는 자가 평가에 만감이 교차한다. "사바세계에서 사시느라 한평생 고생 많았습니다. 무거운 짐 다 내려놓으시고 편히 가십시오." 이 말이 처음엔 입에 잘 붙지 않고 어색했는데 이제는 자연스럽게 나온다. 그리고 감정의 수위 조절도 웬만큼 할 수 있게 되었다. 특별한 봉사를 한다는 인사를 받을 때면 뿌듯하기도 하다.

한번은 이런 일이 있었다. 고인의 영정사진 속 맑은 눈망울과 마주쳤다. 물끄러미 바라보고 있는데 나도 모르게 갑자기 감정이 격앙되어 닭똥 같은 눈물이 주르륵 흘러내리는 것이 아닌가. 주체할 수 없는 눈물을 어떻게 설명해야 할까? 뿌예지는 안경을 벗어 들고, 손수건이 흠뻑 젖을 정도로 숨죽이며 울었다. 고인과는 첫

상봉인데 이게 무슨 조화란 말인가. 세세생생의 인연 고리가 그 순간 나를 그렇게 울게 하였나 보다. 고인도 내 마음을 알고 같이 울었는지 모르겠다. "이 세상에서 못다 한 인연일랑 더 생각하지 마시고 부디 극락왕생하옵소서." 옹알이처럼 웅얼거렸던 그날이 잊히지 않는다.

수년 전, 한밤중에 걸려온 한 통의 전화가 나의 운명을 바꾸게 했다. 거나하게 취한 목소리로 억울하다며 당신이 인사담당관이니 꼭 알아야 한다는 말을 여러 차례 반복했다. 그렇게 인사 비리를 폭로하고 자신의 억울함을 하소연하던 그는 몇 달 뒤 자기가 살던 아파트 옥상에서 투신자살로 생을 마감했다. 수사 결과는 부부싸움 끝에 벌어진 돌발적 사고사라는 것 말고 언론에 보도된 것이 없었다. 그의 죽음과 그가 말한 억울함이 무슨 연관이 있는 것은 아닌지 아직도 억울하다는 그의 목소리가 환청처럼 들린다.

인사 비리는 잊을만하면 터져 나오는 공공연한 악습이었다. OOO 인사과에 근무할 때. 승진 시험에 부정한 돈이 수 년간 고질적으로 개입되었다는 소문이 뭉게뭉게 피어올랐지만, 실체는 잡히지 않았다. 그런데 그 전화를 받고 다음 날 출근하여 그가 말한 대로 자료들을 검토해보니 대부분 사실이었다. 고민 끝에 중앙 부처에 근무하는 친구에게 이 사실을 의논하였고, 함께 서울에 있는 'OOO위원회' 문을 두드렸다. 담당 직원은 우리를 구석방으로 안내했다. 고문변호사라는 사람과 책상을 마주하고 앉았다. 팽팽한 긴장감이 흘렀다. 미리 준비해간 A4용지 4장을 건넸다. 그 안에는 그간의 시험 관련 인사 비리가 빼곡하게 적혀 있었다.

끝까지 다 읽고 난 담당자는 "수사가 진행되면 내부고발자로서 당신도 다칠 수 있다"며 다시 한번 신중히 생각한 후에 결정하자고 했다. 그 말은 무슨 이유인지는 모르겠으나 꽁무니를 빼는 것처럼 들렸다. 높은 벽을 실감하면서 기대와 달리 별 소득 없이 그곳을 나올 수밖에 없었다. 달걀로 바위 치기라 할까? 나약하기 그지없는 나 자신의 위치가 한심스러웠고 도도하게 흐르는 탁류는 더욱 거센 폭포수가 되어 놀리는 듯했다. 초심은 점점 멀어지고 나 하나 독야청청 한다고 조직의 오래된 악습이 뭐 달라질 게 있겠느냐는 자포자기에 빠졌다.

대숲에 들어가 '임금님 귀는 당나귀'라고 고함이라도 지르고 싶었다. 돌파구가 없던 나는 우울증과 화병에 시달렸다. 직장에 대한 회의와 자괴감으로 사표를 낼까, 수없이 생각했지만 가족들의 얼굴이 어른거려 실천에 옮기지 못했다. 가장이 밥벌이를 버린다는 것은 얼마나 무책임한 행동이겠는가. 고심 끝에 인사과를 벗어나기로 결심하고 달마가 동쪽으로 갔듯이 아무 연고도 없는 강원도 오지로 자청해서 떠났다. 그렇게 시작한 강원도에서의 생활은 물설고 낯설었을 뿐더러, 인간관계라든가 주변 환경에 적응이 되지 않아 또 다른 갈등이 생겼다.

그러던 차에 한 지인의 소개로 '삼화사'에 불교대학이 있다는 것을 알게 되었다. 무엇에 홀린 듯 조금의 망설임도 없이 등록하여 인연을 맺었다. 이 기회에 불법과 인연을 본격적으로 맺어보자고 작심했다. 사찰과의 인연은 여섯 살 때 할머니 손에 이끌려 대구 팔공산자락의 '동화사'에서 동짓날 팥죽을 먹었던 게 시작이었다. 할머니는 외아들인 아버지 때문에 마음을 졸이다가 첫 손자인 나를 봤으니 모든 게 부처님의 은덕으로 여겼다. 동화사 그 먼 길을 눈에 넣어도 안 아플 첫 손자의 손을 꼭 잡으시고 열심히 다니셨다.

할머니가 돌아가시고 대구 서문시장에 큰 불이 두 번이나 났다. 그 여파로 모친의 가게가 부도까지 맞아 어쩔 수 없이 정리하게 되었다. 부친은 퇴직금으로 빚잔치를 하고 한평생 몸담았던 교직을 떠났다. 가세가 급격하게 기울자 나는 회의에 빠져 방황의 늪을 허우적거리는 나날을 보냈다. 그때 "세상 살면서 너무 욕심부리지 말고 최선을 다해 성실히 살아라"라는 할머니 말씀이 귓가에 맴돌았다. 당신의 혼백이 번뇌와 망상에 빠져 있는 손자를 구했다고 생각하였다.

매주 토요일이 되면 모든 일을 제쳐 놓고 불교대학 수업에 참석했다. 1학년 때 정념반 반장, 2학년 때 선정반 반장을 하면서 울력 봉사라는 것도 하게 되었다. 그렇게 시작한 불교공부는 대학 2년 으로는 성이 차지 않아서 다시 대학원 2년 과정을 더 다녔다. 불교대학 2년, 불교대학원 2년, 4년 동안 삼화사 불교대학 학당을 뻔질나게 오르내렸다. 부처님 법을 공부하면서 무엇보다 108배의 매력에 푹 빠졌다. 일 배 일 배 절을 계속해 나가면서 자신을 낮추는 하심下心을 배웠다. 그런 108배는 일상생활이 되었고 매일 아침 잠자리에서 눈뜨자마자 제일 먼저 치르는 의식이 되었다. 할 때마다 온몸이 땀으로 흠뻑 젖었으나 끝나고 나면 머리가 그지없이 맑아졌다. 소요 시간이 20분에서 15분, 12분으로 당겨지고 동작도 처음보다 눈에 띄게 부드러워졌다. 또 108이라는 숫자를 막연히 세기보다 10악 참회를 반복해서 108이라는 숫자에 딱 떨어지게 맞춰가는 요령도 터득했다.

108배를 3년간 하루도 거르지 않고 실행했을 때, 나 스스로 내 의지에 놀랐고, 무엇보다 건강이 몰라보게 좋아졌다. 나는 지독한 알레르기 비염을 앓았는데, 잠자리에서 일어나면 시작되는 게 발작성 재채기였다. 집이 떠나가라 서너 번 하고 나면 이어 맑은 콧물이 쉴 새 없이 흘러내려 풀고 닦고를 반복했다. 코 밑이 헐어 아릴 정도였다. 그런데 3년간 108배를 하고부터 거짓말처럼 증세가 없어졌다. 그동안 한약, 양약 좋다는 것은 다 먹어보았으나 백약이 무효였다. 말로는 표현 불가한 정말 신기한 일이었다. 비염이 없어지고 온몸에 활기가 넘치자 나는 108배 홍보요원이 되었다. 주변 사람들은 매일 코를 훌쩍거리며 재채기를 하던 내가 건강한 사람으로 변신하자 그 이유를 궁금히 여겼고, 108배의 효험에 대해 설파해주었다.

삼화사에서 불교대학생들을 대상으로 하계 수련대회가 있었다. 수련장은 무릉계곡의 암벽이 병풍처럼 펼쳐진 곳이었다. 나는 마루에 걸터앉아 짐도 채 풀기 전에 그 풍광에 매료되어 넋을 잃고 한참을 바라보았다. 물안개가 자욱한 절벽의 소나무들과 계곡의 물소리를 들으니 마치 신선이 된 듯하였다. 연령층은 30대에서 60대까지 다양했다. 수련 둘째 날, 밤 9시 적광전에서 1,080배 용맹정진이 있었다. 포교사들이 부처님 불상을 중심으로 좌우에 3~4명씩 물병을 들고 프로답게 떡 버티고 앉아 있었다. 나도 욕심을 내어 포교사 바로 뒷자리에 앉았다. 2시간 반에 걸친 1,080배 용맹정진 시간은 중간에 2번 쉬는 시간이 있었고, 밤 11시 반에야 끝이 났다. 지원자 30여 명 중 끝까지 1,080배를 한 사람은 열 명도 되지 않았다.

나 역시 700배에서 고비가 왔다. 좌측 무릎이 옷과 방석에 계속 스치다 보니 살갗이 까져서 쓰리고 아팠다. 종아리까지 통증이 오는데 여기서 중단을 해야 하나 생각하니 억울하기도, 아까운 생각이 들기도 했다. 그때 중도에 포기한 분들이 뒤쪽에 모여 우리를 향해 '석가모니불'을 정근하며 응원하는 모습을 보았다. 그만둘 수 없다는 오기가 생겼다. 자신과의 싸움에서 지지 않겠다는 처음의 각오를 되새겼다. 그렇게 애쓴 덕에 낙오하지 않았고 사회자의 죽비소리에 맞춰 끝까지 마칠 수가 있었다. 내 인생에서 기록 하나를 더 추가했다는 뿌듯함이 솟구쳐 올라왔다. 얼굴은 벌겋게 상기되었고 온몸은 땀범벅이 되고 수련복은 물에 담갔다가 건져낸 것처럼 축축했다. 미리 준비한 수건 두 장을 좌복에 깔아 놓기를 잘한 것 같았다. 흐르는 땀을 수건이 흡수해줬다. 고행의 대가는 몇 배가 되는 보람으로 돌아왔다.

불과 3시간밖에 잠을 못 잤으나 머리는 그지없이 맑았다. 칠흑 같은 어둠을 뚫고 얼음장 같은 계곡물에 세수를 하고 나니 정신이 번쩍 들었다. 새벽 빗소리 때문일까? 고요가 주는 적막함이 을씨년스럽기까지 하였다. 법당에서 부처님을 마주 보고 앉아 있자니 뼛속 깊은 곳에서 일렁이던 잡념들이 잔잔한 바다처럼 평온해졌다. 살아오면서 알게 모르게 지었던 두꺼운 업장을 참회하는데 나도 모르게 걷잡을 수 없이 흘러내리는 눈물을 누가 볼까 봐 안으로 삼켰다. '남은 생애에 악업을 짓지 말고 착하게 살자꾸나.' 다짐을 하면서 난생처음 새벽예불을 두 번씩이나 올렸다.

직장 전출로 강원도로 이사 온 지 만 6년 만에 전 근무지로 복귀하게 되었다. 진즉에 포기하고 까맣게 잊고 있던 진급 통보는 꿈만 같았다. 기대는 물론 생각조차 하지 않은 일이 기적처럼 일어났다. 주변 지인들은 내가 4년 동안 불교 공부를 열심히 해서 부처님 가피를 듬뿍 받아 그렇게 된 것이라고 말했다. 그 말을 부정하고 싶지 않았다. 모든 것을 버리고 도피처로 선택했던 곳에서 부처님 곁에 한 발 가까이 다가갔고 어렴풋이나마 불법을 알게 되었다. 108배를 통해 내면의 밑바닥에 가라앉아 있는 찌꺼기를 비우고 또 비웠을 뿐이다. 그런데 부처님은 그 비운 자리에다가 '승진'이라는 크나큰 선물로 채워주신 것이다. 오랫동안 고질병으로 달고 있던 비염이 거짓말처럼 나았으며 불교도들에게 꽃이라는 포교사 시험에도 합격했다. 믿기지 않는 결과가 신비스러울 따름이다. 결국은 모든 것을 다 비운 덕분이 아닌가, 스스로 해석해 본다.

불교라는 울타리 안에서 바쁘게 보냈던 시간은 내 인생사에서 새로운 전환점이 되었다. 나에게는 결코 낭비 없는 불자의 길이었다고 말하고 싶다. 소중한 인연에 마음 깊이 감사한다. 앞으로 더욱 열심히 봉사하며 살아야 할 의무가 묵직한 책임이 되어 내 앞에 놓여 있다. 아직 불교는 나한테 높은 산이다. 아는 만큼 보이는 것이 불교라고 했던가. 지금은 모르는 것이 더 많다 보니 안개 속을 걷는 것처럼 혼미하다. 하지만 쉼 없는 수행과 열심히 공부를 하다 보면 언젠가는 염화미소의 가섭존자처럼 부처님의 진리를 깨달아 빙그레 웃을 날이 오리라 믿는다. 그날을 위해 고행을 고행이라 생각하지 않고 몸과 마음을 갈고 닦는 일에 채찍질을 다해 나가리라 다짐해본다.

나무 석가모니불, 나무 석가모니불, 나무 시아본사 석가모니불.

밝고 맑은
마음으로

상락화 김영심

거룩한 부처님께 귀의합니다.
거룩한 가르침에 귀의합니다.
거룩한 스님들께 귀의합니다.

어느 겨울날 남편과 길을 걷다가 갑자기 길 위에서 쓰러졌다. 지금으로부터 7년 전, 40대 중반이었다. 병원으로 바로 가야했지만 가정형편이 좋지 않아 남편은 나를 업고 집으로 왔다. 집에 있으면서 견딜 수 없는 어지러움을 느끼고 구토를 했지만 참고 또 참을 수밖에 없었다. 그런 나를 남편은 꼭 안아주었지만, 살려달라고 소리를 지르며 차라리 침대에 묶어달라고 울부짖었다. 결국 왼쪽 팔이 마비되기 시작했고 하는 수 없이 병원을 갈 수밖에 없었다. 검사를 받았더니 뇌에 있는 혈관이 막혀서 뇌경색증 진단을 받았다. 수술은 불가능하고 약물치료를 해야 한다고 하셨다. 약을 먹어도 참을 수 없는 고통은 나를 괴롭게 했다. 그렇게 병원에 입원한 지도 7개월이란 시간이 흘렀다.

당시 아들은 고등학교 3학년이라 대학입시에 집중할 때였다. 나 또한 몸은 아팠지만 대학입시 문제로 걱정을 하면서 보냈다. 며칠 후 학부모 한 분이 아는 절이 있는데, 그곳 스님이 대학 합격을 할 수 있는지에 대해 점을 보아준다고 하였다. 그 스님이 말씀하시길 "아들은 무조건 대학에 가니 걱정하지 말고, 더 다급한 것은 조만간에 주변 사람 세 명이 사망할 수 있으니 정신 차리고 97

만 원을 드려서 천도재를 지내라"고 하셨다. 그 말을 듣고 돈이 없어서 병원도 못 갔는데 재를 어떻게 지내겠냐며 스님에게 괜히 화를 냈더니 스님이 답답하다고 하셨다.

"스님, 저는 더 답답합니다. 돈도 없는 사람에게 제사나 지내라고 하는 절에는 안 다닐 거예요"라고 하면서 발길을 돌렸다. 집으로 오는 길에 스님이 하신 말씀이 머릿속에 계속 맴돌았다. 어머니께서 연세가 많으시고, 언니도 나도 너무 아프니까 이제 곧 죽나보다 하면서 올해 안으로 일이 일어나는지 지켜보기로 했다. 다행히도 아무런 일은 일어나지 않았다. 그래도 항상 근심을 가지고 있던 어느 날 이웃집 언니가 다니는 대한불교조계종 절이 있는데 가보자고 권유를 하였다. 그러나 나는 싫다고 하였다. 그랬더니 인연에 따라 다니면 되지 않겠느냐고 하면서, 이웃집 언니는 내가 몸이 아프니까, 안타까워하면서 그래도 다시 한번 가보자고 말을 했다.

그럼 한번 가볼까 하고, 며칠 후 절에 갔다. 들어갔더니 아주 맑아 보이시는 스님 한 분이 계셨다. "어서오세요~" 하시면서 반겨주셨다. 조금 이따가 정성스럽게 차를 내려주셨다. 그런데 아무런 말씀도 없으시고 가만히 앉아계셨다. 방 안에는 적막이 흘렀다. 그래서 먼저 주지스님께 그간에 있었던 일들을 말씀드렸다. 스님께서는 "음…… 음……" 하시면서 이야기를 다 들어주셨다. 이야기를 하면서 눈물이 주르륵주르륵 마구 쏟아졌다. 창피한 줄도, 부끄러운 줄도 모르고 어느 정도 울고 나니 속은 후련해졌다. 절을 나오면서 이 절은 대한불교조계종 절이라서 그런지 마음이 참 좋았다. 그리고 절을 한번 다녀야겠다는 생각이 들었다. 그래서 한 달에 세 번, 법회마다 참석하였다.

주지스님의 훌륭하신 법문과 신도님들의 따뜻한 정으로, 절에 더 자주 가게 되었다. 그 절에는 주지스님의 훌륭하신 법문과 공양주보살님의 음식이 너무 맛있어서 절에 온다는 신도님들이 많이 계셨다. 그렇게 갈 때마다 법당 청소도 하고 불기도 닦고 공양간 일도 도우면서 다녔다. 그러던 어느 날 주지스님께서 부르시더니 법명을 지어 주셨다. '백련화'라는 법명을 지어 주셨다. 너무 기분이 좋아서 이렇게 이쁜 법명을 받아도 되냐고 물었더니 주지스님도 덩달아 행복하셨는지 "당연하지요~^^" 하셨다. 신도님들께도 빨리 알려주고 싶어서 이름표를 달고 자랑하기도 했다. 어린아이 같은 마음이었다.

공양간에 있는 보살님이 부르더니 《금강경》이라는 경전을 주시면서 읽어보라고 하셨다. 주지스님은 하루에 7독을 읽어야 하는데 가능하겠냐고 걱정해주시면서 정히 힘들면 세 번 정도 읽으라고 하셨다. 말도 잘 안 되었지만, 나도 모르게 처음부터 여덟 번을 읽었다. 한 번이라도 많이 읽으면 좋은 줄 알고 더 읽었다.

날짜가 가고, 시간이 지날수록 속도도 빨라지고 새벽 시간을 정해서 아주 정성스럽게 읽었다. 그렇게 항상 즐거워서 저절로 관세음보살님을 외우고 다녔다. 걸음걸음마다 '관세음보살, 관세음보살, 관세음보살님'을 부르면서 다녔다. 하루는 백중날 절에 가는 길에 지하도를 지나 밖으로 나왔는데 갑자기 폭우가 쏟아졌다. 어떻게 할 줄을 모르고 간절한 마음으로 "관세음보살님, 저 법회 시간에 늦으면 안 돼요……." 하늘을 보면서 "하늘 좀 막아주세요. 관세음보살님은 비도 막아주실 수 있잖아요." 그러면서 모르는 집 대문 처마 밑에 서 있는데 지나가는 한 처사님이 우산을 가져 오시더니 쓰고 가라고 하면서 우산을 건네주셨다. 깜짝 놀랐다. "우산이 필요한지 어떻게 아셨어요?" 하면서 "고맙습니다."

절에 가는 길이니까 갔다 오면서 돌려 드리겠다고 했지만, 안 줘도 된다고 하시면서 그냥 가셨다. 덕분에 법회 시간에 늦지 않게 도착할 수 있었다. 절에 가서 주지스님에게 이 일을 말씀드렸더니 그분이 바로 관세음보살님이라고 하셨다. 그렇게 절을 다니면서, 차를 타고 30분 정도 걸리는 길을 운동 삼아 걸어 다니면 좋겠다는 생각이 들었다. 버스 왕복 차비로 2천 원을 보시하게 되었다. 비록 작은 돈이지만 마음은 너무 행복했다. 걸어 다니면서 몸도 저절로 좋아졌다. 부처님의 명훈가피를 받으면서 너무 행복한 날들을 보냈다. 그리고 언제나 마음이 맑고 고요하여, 허공과 같으며 하늘에 떠 있는 구름 같았다.

아들은 서울 안에 있는 좋은 대학에 합격하고, 나의 몸도 좋아졌다. 《금강경》 기도도 계속하고 잠을 잘 때도 항상 책을 안고 잤다. 그런데 어느 날 꿈속에 "금강반야바라밀경" 여덟 글자에서 눈을 뜰 수 없을 정도로 빛이 나왔다. 햇빛보다 더 강렬했다.

그 빛이 누워 있는 침대 옆에 검정 옷을 입고 서 있는 두 사람을 슝~~ 하고 날려버렸다. 깜짝 놀라 잠에서 깨어났다. 그리고 《금강경》을 보았더니, 글씨가 구멍이 날 정도로 타 있었다. 그런 일이 있고 난 후, 더욱더 지성으로 기도를 했다. 그리고 또 꿈을 꾸었는데, 관 속에서 어떤 할머니가 뼈만 앙상하게 누워 있고 입에서 아지랑이가 피어오르면서 말을 하였는데, 큰 소리로 "너 신랑 죽는다!"라고 하기에 "내 신랑이 죽기는 왜 죽어요!!" 하면서 소리를 지르고 돌아서려는 순간 할머님이 "네 신랑 죽는다니까!!!"라며 소리를 질렀다.

너무 놀라 깨었더니 꿈이었다. 그때부터 불안해서 견딜 수가 없었다. 그리고 나서 어느 날 남편과 사업을 함께하던 친구가 식당에서 어떤 사람의 폭행으로 돌아가셨다는 소식을 들었다. 또 남편과 같이 일하던 과장님이 기숙사에서 자다가 심장마비로 돌아가셨다는 소식을 들었다. 며칠 사이에 남편과 일했던 사람들이 사망을 했다. 전에 스님이 말씀하신 나의 주변 사람 세 명이 죽는다는 말이 생각났다. 다음은 남편 차례가 아닌가 하는 마음에 무서웠다. 그러던 어느 날, TV 방송 아침 뉴스에 충청북도 청주에서 아침에 산책 중이던 중년 남자 한 사람이 가로수가 넘어져 깔려 사망했다는 뉴스를 보았다. 그 사람이 남편의 사촌 둘째 형님이었다. 참 묘한 일이 일어나고 있었다. 절에 가서 스님께 말씀드렸더니 아무런 말씀이 없으셨다.

한참을 생각하시던 스님이 천도재를 지냈으면 좋겠다고 하셨다. 스님의 권유로 돌아가신 세 분의 영가를 위해 극락왕생 천도재를 지냈다. 한번은 또 자면서 꿈을 꾸었는데 너무나 아름다운 분이 나한테 "이리 오너라" 하셔서 쳐다보았더니 얼굴 피부가 빛이 나면서 눈이 부시게 아름다웠다. 어쩜 저렇게 아름다우실까 하면서 다가가니까 머리를 세 번 쓰다듬어 주시면서 "착하다~ 착하다~ 착하구나~" 하시면서 등에 업히라고 했다. 등에 업혔더니 하늘로 높이 올라갔다. 깜짝 놀라 꿈에서 깨어났다.

그날이 관음재일이라 절에 갔는데, 대웅전에 탱화에 관세음보살님이 계셨다. 또 한 번 놀랐다. 꿈속에서 본 아름다운 분이 관세음보살님이었던 것이었다. 부처님의 가피를 계속 입으면서 신심은 절로 났다. 항상 신이 나면서 건강도 좋아지고 가정도 안정되어 갔다.

어느 날부터 기도하는데 원문으로 《천수경》과 《금강경》을 읽어도 뜻도 모르고 읽다 보니 도대체 무슨 말인지 궁금해하면서 다니는데, 집 근처에 있는 대한불교조계종 큰 절 앞을 지나는데 "바른 불교, 바른 실천" 불교입문 교육 안내 현수막이 보였다. 그것을 보는 순간 부처님 공부를 처음부터 차근차근 배워보고 싶다는 마음이 일어났다. 다니던 작은 절의 주지스님께 말씀을 드렸더니, 가서 부처님 공부를 열심히 제대로 해보라고 하셨다.

바로 큰절 법당에 가서 300배 절을 드리고 불교입문 보살계, 삼천배, 참선, 철야정진기도, 불교대학 다니면서 공부도 봉사도 열심히 하였다. 그러면서《금강경》기도 "천일" 회향을 하게 되었다. 매일 회사 퇴근 후에는 법당에 들러 300배 절도 하고《금강경》사경을 한자로 쓰고 일배 절을 하기도 했다. 방대한 양의 부처님 공부를 단계별로 하게 되었다. 보살계를 받으면서 법명도 '상락화'란 법명을 다시 받게 되었다.

절에 자꾸 살고 싶은 마음이 일어났다. 그래서 원을 세워《법화경》사경기도를 했다.《법화경》사경기도을 하던 어느 날 또 꿈을 꾸었는데, 옆에 존경하는 스님 한 분이 서 계시면서 하늘에서 하얀 연꽃이 비가 내리듯 쏟아져 내렸다. 너무 놀라 하늘을 쳐다보면서 "어머, 스님! 하늘에서 꽃비가 내려요. 하얀 꽃비가 내려요" 하면서 행복해했다. 저절로 환희심이 났다.

그런데 친정어머니께서 연세가 많으신지라 건강이 항상 염려되는 중에 중풍으로 쓰러지셨다. 3개월 정도 언니네 집에서 지내셨는데 병간호가 너무 힘드니까 우리 집으로 모시고 가라는 연락이 왔다. 모실 형편이 안 되었지만, 당연히 어머님을 집으로 모셔왔다. 정성껏 간호를 하였다. 며칠이 안 되었는데 갑자기 언니가 또 연락이 왔다. 어머니를 요양병원에 모시고 가겠다고 했다. 요양병원에 입원하시고, 이틀 만에 어머니께서 임종을 하셨다. 그런데 참으로 묘한 일이었다. 절에 다니는 불자였지만 49재를 지내드릴 형편도 못 되었다.

요양병원 바로 앞에 자주 다니던 조그만 절이 있었다. 어머니께서 백중 49재에 정확히 맞춰 임종하신 것이었다. 하늘이 무너지고 땅이 꺼지는 슬픔을 겪어야만 했지만 나는 어머니께서 "우란분절 백중에 맞추어서 그렇게 급하게 돌아가셨나 보다" 하는 생각이 들었다. 더욱 정성을 들여 백중기도를 하는데 매번 울었다. 백중회향 할 때는 내 생에 흘릴 눈물을 다 흘린 듯 울었다. 49재를 다 지내고 꿈을 꾸었더니 어머니께서 하얀 한복을 입으시고 머리에 쪽을 끼고 리무진 차를 타고 강을 건너가셨다.

시간이 지나 회사에서 일을 할 것이 아니고 차라리 절에 들어가서 지내야겠다는 생각이 들었다. 그래서 사표를 내고 어떻게 하면 절에 들어가서 살 수 있을까 고민하다가 공양주를 하면 절에 들어가서 살 수 있을 것 같았다. 그러나 가족들의 동의가 필요했다.

훌륭하신 선지식인 스님의 가르침으로 기도도 열심히 하고 봉사도 하면서 부처님의 몽중가피와 명훈가피 속에서 《법화경》 사경을 3번 하고 나니 남편과 아들이 흔쾌히 허락을 해주어 감사한 마음으로 공양주를 하게 되었다. 신심으로 대중스님들께 공양을 올린다는 것이 마음처럼 쉽지만은 않았다.

매일 새벽 1시부터 새벽예불 전까지 천 배씩 절을 하면서 부처님께 "저의 손이 감로의 손으로 변하여 저의 음식을 드시는 대중스님 분들이 건강하시길" 기원하는 마음으로 음식을 만들었다. 그리고 "부처님의 가르침을 항상 실천할 수 있도록 해주십시오"라고 간절히 절을 올리며 기도를 하였다. 부처님께서 명훈가피 속에서 살 수 있도록 내 마음속을 떠나지 않고 계신다는 확고한 믿음으로, 모든 분들이 코로나로 인하여 어려운 가운데에서도 근심 걱정 떨쳐버리고 맑고 밝은 마음으로 행복하게 살 수 있도록 기도 발원드립니다.

부끄러움을 무릅쓰고 용기를 내어 신행수기를 쓰게 된 것은 과거의 저와 같이 힘들고 지친 사람들에게 부처님의 가피는 결코 헛되지 않음을 보여주고 싶은 마음과 모든 사람들이 삼보에 대한 믿음 속에 부처님의 가르침을 실천하며 기도와 봉사로써 항상 행복한 삶을 살기를 바라는 마음에 부족하지만 진솔하고 솔직하게 제 경험을 담았습니다.

마하반야바라밀 ()()()

나는 오늘도
하나가 될 때까지

견진성 김은연

ㅣ포교사단 단장상ㅣ

'나한테 어떻게 이럴 수가?' 아침에 눈을 뜨자마자 수없이 내 머리를 맴도는 나쁜 생각과 말들, 달라이 라마는 아침에 일어나면 꽃을 생각하라 했던가? 머리로는 알지만 나는 나 자신을 어떻게 할 수 없었다. 1년 전 나는 이렇게도 나 자신을 지독히 괴롭히고 있었다.

나는 남들이 부러워하는 삶을 살고 있다. 다정하고 능력 있는 의사 남편을 두었고, 바르고 공부 잘하는 두 아이의 엄마이다. 일찍이 불법을 알아 아주 부유하지는 않지만 작은 것에도 감사할 줄 알며 행복하게 살고 있다.

2년 전 남편이 병원 오픈 준비로 마케팅회사를 알아보던 중 큰아이 친구 엄마가 자신의 조리원 동기 중 마케팅하는 사람이 있다며, 마케팅 경력도 화려하고 무엇보다 개원하는 우리를 많이 걱정한단다. 우리에게 여러 가지 조언을 해주고 싶다니 꼭 만나볼 것을 재촉한다.

그렇지 않아도 막막한데 걱정하고 조언해준다니 고마운 생각에 어떤 분인지 만나보고자 했다. 만나서 여러 얘기를 나누며 개원가의 세계는 냉철하고 하루에도 몇 개의 병원이 망했다 사라졌다 한단다. 마케팅이 정말 중요하니 꼭 힘이 되어주겠단다.

나는 이 사람이면 우리 병원 마케팅을 맡겨도 되겠다고 생각하고는 남편이 짐짓 정했던 삭막한 마케팅회사 말고 우리를 조금이라도 걱정해주는 이 사람이랑 마케팅을 하자고 설득했다. 하지만,

병원 오픈 1달 전에 열기로 되어 있던 홈페이지가 병원 오픈 날에도 열리지 않았고, 나머지 마케팅도 일정대로 진행이 되지 않았다.

점점 불안했다. 마케팅회사 중에 사기 치고 돈 떼먹는 곳이 많다던데 그런 곳은 아닐까? 이 사람에게 계속 마케팅을 맡겨도 될까? 황금 같은 시간이 이대로 흘러가니 애만 탔다. 진행을 요구해도 시간만 끌고 해주지 않으니 화가 났다. 남은 2개월간의 마케팅비를 환불해 달라고 요구했다. 해주기로 했지만 돌아가서는 더 이상의 연락도 없었다.

속은 내가 어리석었다고 생각하였다. 환불에 대한 미련도 없었다. 그런데 한참이 지나 친구 엄마에게 연락이 온다. 친구 엄마는 나를 나쁘다고 했다. '네가 만나보라 한 사람이 나에게 사기를 치고 이제 돈도 주지 않고 연락도 없다.' 수없이 말하고 싶었지만 사이가 나빠지기 싫어 아무 내색 없이 내 속만 썩이며 참던 중인데, 자기 친구에게 함부로 했다고 나에게 왜 그랬냐고 도리어 묻는다. 도대체 나에 대해서 무슨 얘기를 들은 걸까? 억울했다. 같은 동네 살면서 3년간 나를 봐왔으면서…… 사기꾼이랑 어울리고 사기꾼 말만 믿고 나에게 어떻게…… 너무 큰 배신감이었다. 그동안 섭섭했던 일들이 주마등처럼 지나간다.

'어떻게 나에게 저럴 수가 있을까?' '사람이 어떻게 저렇게 뻔뻔할 수 있을까?' 아침에 눈을 뜨면 과거로 돌아가 친구가 나더러

나쁘다 했던 장면으로 돌아간다. 나는 내가 하지 못했던 나쁜 말들을 친구에게 퍼붓는다. 그렇게 종일 하루에 수천 번을 그 기억을 되새기며 욕을 하고 또 욕을 한다. '안 돼. 안 돼!' 이 생각은 안돼! 부처님은 번뇌를 끊어버리라 했는데, 이 나쁜 생각을 지워버려야 해. 내 의지와 상관없이 끊임없이 이어지는 번뇌와 망상에서 너무나도 벗어나고 싶었다. 발버둥 쳤지만 벗어날 수가 없었다. 아! 이것이 지옥이구나……. 불법과 인연을 맺은 지 15년이나 되었지만 나는 이제야 번뇌와 망상, 원수를 만나는 고통, 지금 이 순간을 살아야 한다는 것, 그 모든 것을 머리 아닌 가슴으로 한 번에 알 수 있었다.

다라니경 사경을 하고 참회문독경을 하고 아미타염불을 하였다. 나쁜 생각이 떠오를 때마다 아미타염불을 하였다. '나무 아미…….' 번뇌 망상을 하고 있다는 것을 알아차렸고 염불을 하였지만, 염불이 채 끝나기도 전에 다음번 번뇌가 시작된다. 사경을 하면서도 계속 일어난다. 아…… 안 되는구나…… 이것으로는 안 되는구나. 이것으로는 벗어날 수 없구나…….

밥을 먹으려고 하면 구역질부터 나왔고, 억지로 먹고는 곧장 화장실을 가야 했다. 6개월간 10kg의 몸무게가 빠졌다. 약을 먹어도 낫지 않는 구역질로 CT를 찍으니 난소에 6cm 혹이 있단다. 놀라지 않았다. 오히려 감사하고 기뻤다. 나를 아끼시는 부처님이 이제 나에게 그만하라고 하시는구나. 하루하루 죽어가고 있는데 탐진치 삼독을 끊지 못하는 나에게 이제 그만하라 일러주는 것 같았다. 나는 왠지 이 혹을 떼어내면 나의 번뇌도 함께 끊어질 것 같다는 생각이 들었다. 수술대에 누웠다. 수술은 난생처음이지만 이상하게도 하나도 두렵지 않았다. 번뇌만 끊어진다면, 인연이 그러하다면 이대로 죽어도 괜찮다는 생각이 들었다.

집도의 선생님께서 "정말 선물 같은 수술이었습니다."라고 했다. 전이도 없어 수술이 깔끔하고 빨리 잘 되었고 호르몬 치료도 할 필요 없겠다 했다. 부처님의 가피이다. 탐진치 번뇌 망상으로 생긴 혹을 떼어내 너무나도 마음이 가벼웠다. 그리고 곰곰이 생각했다. 부처님은 나에게 무엇을 얘기하시는 것일까? 생각할수록 이것은 나를 아끼는 부처님의 가피인 것만 같았다.

하심하며, 검소히 불법공부를 즐기고 행복해하는 기특한 불제자에게 번뇌 망상과 고통이 무엇인지 알게 하고 어떻게 해야 그 고통에서 벗어날 수 있는지, 나를 더 큰 사람으로 만들기 위한 것은 아닐까라는 생각이 들었다. 부처님의 무한한 자비다. 내가 원망했던 그들은 나의 원수가 아니고 나를 깨닫게 하는 스승이었던 것이다.

부처님의 가피에 환희하며 3일 밤낮을 부처님만 생각하던 그 순간. 내 머리의 눈? 마음의 눈? 뭐라 할 수 없는 것으로 나는 우주를 보고 있었다. 그런데 내가 우주를 보는 것이 아니라, 우주가 나이고 내가 우주였다. 무한히 광활한 우주에 나의 미움과 원망이

2개의 티끌 먼지로 떠다니고 있었다. 나는 내가 우주인 것을 너무나도 큰 사람인 것을…… 알게 되었다. 내가 우주임을 안 뒤, 내가 그토록 벗어나고자 했던 번뇌와 망상이 많이 줄었고 지금은 거의 없다시피 하다. 하지만 나는 안다. 나는 아직 유리와 같아 언제든지 깨지기 쉬운 존재라는 것을……. 하나가 되지 않으면 언제든지 번뇌 망상으로 괴로워하고 분별심으로 너와 나를 가르고 있으리라는 것을, 그렇게 나는, 나에게 큰 인연이 다가옴을 알고 있었다.

아…… 안 되는구나…… 이것으로는 안 되는구나. 이것으로는 벗어날 수 없구나……. 번뇌 망상이 끊이지 않고 일어날 때 나는 사경과 독경 염불로 벗어나려 했지만 2500년 전 석가모니 부처님이 그러셨듯, 선정만으로는 큰 번뇌를 벗어날 수 없음을 알았다. 무엇일까? 무엇으로 완전히 번뇌 고통에서 벗어날 수 있을까? 분별심 없이 온전히 하나가 될 수 있을까?

지금은 코로나로 수업을 중단한 상태이지만 2년 전 대광명사의 목종 스님과 함께 《대열반경》을 공부할 당시 수업 시작 30분 동안 목종 스님은 눈을 감고, 어제 아침부터 오늘 수업에 앉아 있기까지의 나의 몸과 마음의 변화를 살피라 하셨다. 늘 변하는 내 몸과 마음은 진정한 나가 아니고, 내 몸과 내 마음이 변하는 것을 보는 주인공을 알면 그것이 곧 진여자성이라 하였다. 아무래도 이것이 그 해답인 것 같았다. 그때 좀 더 열심히 할걸…… 당시에 나는 불법을 아는 것만으로도 늘 감사하고 행복했기에 진여자성이 필요 없었다. 수업마다 하는 그 참선이 너무 따분하여 끝날 때쯤 수업에 들어갔었다. 더 열심히 해야 했는데, 어떻게 시작하였는지 어떻게 해야 하는지 잘 기억이 나지 않는다. 나는 그렇게 큰 인연을 만날 시간을 흘려버리고 있었다.

시간이 흐르면 그 큰 인연이 사라질지도 모른다는 느낌이 들었지만, 속절없이 시간만 보내던 중 지인을 따라 혜원정사 정초기도에 접수하여 기도하게 되었다. 불법을 만난 지 오래지만, 기도는 처음이었다. 복락보다는 불법을 알고 싶어 만난 부처님이었기에 기도나 예불은 늘 나의 관심 밖이었다. 코로나와 번뇌 망상으로 1년간 뵙지 못했던 부처님을 뵈었다.

법당에 자리가 없어 법당 바깥에 멍석을 깔아 놓은 자리에서 기도하였다. 추위에 귀가 떨어져 나가고 손이 떨어져 나가도 좋았다. 아래에서 올려다보는 부처님이 좋았고, 하심하지 못하고 삼독심을 일으켰던 나를 참회하기 좋았다. 주르륵, 작년에 내가 말과 뜻으로 지었던 업이 눈물을 타고 내려온다. 그러고는 부처님에게 말하였다. 부처님, 나도 당신이 가신 길을 가겠습니다. 이제는 당신이 누구인 줄 압니다. 당신과 내가 온전히 하나가 되도록 해주세요.

혜원정사에서의 기도로 나의 발심은 더 확고해졌다. 어느덧 코로나도 괜찮아졌고, 대광명사에서의 공부도 다시 문을 열었다. 이번 학기에는 《육조단경》과 《화엄경》을 공부한다. 《대열반경》, 《전

등록》 공부를 해봐서 안다. 목종 스님은 오늘 수업에서도 진여자성을 얘기하실 것이다. 늘 똑같은 법문만 한다고 푸념하던 어제의 나는 없다. 어렵던 공부가 이제는 제법 알 것 같기도 하다. 그리고 마음에 와닿는다. 그리고 나는 목종 스님께, 번뇌에서 완전히 벗어나고 싶다고 이전에 했던 참선공부를 하고 싶다고 말씀드렸다.

지난날을 회상해본다.

20대 중반 '늘기쁜마을'의 복지사로 근무하며 법공양받은 보성 큰스님의 법어집을 보고 불교가 미신이 아닌 것을 알고 환희하며 불법에 스스로 귀의했다. 복지관에 있는 책을 이것저것 읽으며 불법을 알아가기 시작하였다.

남편과 결혼할 즈음, 시댁의 반대가 너무 심하여 고민 끝에 늘기쁜마을의 대표로 계신 지현 스님을 찾아가 어찌할지 여쭈었었다. 시댁 부모님 입장에서는 그럴 수 있으니, 미워하는 마음 다 내려놓고 매일 아침 시댁 부모님을 향해서 '감사합니다. 고맙습니다' 3배를 하도록 시키셨다. 너무 쉬운 일이라 반신반의하였지만, 평소 스님의 법문에 진심으로 감동을 느꼈고, 존경하는 스님이기에 시키는 대로, 진심으로 삼배를 실천하였다. 그렇게 하길 50일쯤 되었을 때 남자친구가 어머니의 태도가 변했다 하였다.

그전에는 점집을 돌아다니며 사주팔자와 궁합을 보았고 결혼하게 되면 아들이 병을 얻게 되고 곧 이혼한다며 반대하셨다. 그런데 얼마 전부터 조계종 '여래사불교대학'에 등록해서 공부하시더니, 이제 점집도 안 가시고 마음을 내려놓으셨다는 것이다. 그때 나는 '아, 이것이 불교이구나. 내가 바뀌어야 하고 미움이 아닌 이해와 사랑의 기운이 전달될 때 변화되는 거구나.' 경이로운 불법에 더욱 푹 빠졌다.

그 뒤로도 나는 매일 퇴근 후, 복지관 법당의 관세음보살을 뵙고 '부처님, 오늘도 감사합니다. 감사합니다' '이만큼 살 수 있게 해주셔서, 지금 이렇게 행복하게 해주셔서 감사합니다' 인사하였다.

복지관을 퇴사하고도, 지현 스님 밑에서 2년간 '내 운명을 바꾸는 길' 공부를 하였다. 내 운명은 내가 선업을 지음으로 해서 얼마든지 바꿀 수 있다는 선근의 공덕을 믿게 되었고 항상 바르고 어질게, 또 자비롭게 살 것을 다짐하였다. 나는 지현 스님과 공부하며 선근을 많이 길렀던 것 같다. 나에게 맨 처음 불법을 알게 해주신 스님, 부처님의 가피를 알게 해주신 스님이기에 나는 지현 스님 밑에서 공부하며 지극한 신심을 기를 수 있었다.

그러다 이사하게 되어 관음사에서 더 이상 공부할 수 없었다. 많이 아쉬워하며, 집 근처로 공부할 곳을 알아보다가, 어머님이 다니고 계신 '여래사불교대학'의 박동범 원장님 추천으로 대광명사의 목종 스님과 공부하게 되었다. '내 몸과 내 마음이 내가 아닌 것을 알고, 진여자성을 찾아라. 내가 집착하고 욕망하는 이 세상은 다 허상이니 괴로워하고 즐거움에 끌려갈 필요가 없다. 진여자성을 알면 더 이상 구하지 않는다.' 지현 스님과의 공부와는 사뭇

달랐지만, 스님마다 가르치는 게 다른가 보다 하고 '잘 모르겠지만 그래도 다녀보자' 하고 그렇게 3년간 꾸준히 다녔다. 나는 목종 스님 밑에서 공부하며 부처가 누구인지 알게 되었고, 지금은 내가 누구인지, 내가 집착했던 내 몸, 내 마음에서 벗어나는 연습을 하는 중이다.

꾸준히 공덕을 쌓으면 그것이 시절 인연을 만나 꽃피울 때가 있음을 안다.

나는 이제 그 인연이 오고 있음을 안다. 내 안의 불성의 나무가 무럭무럭 자라고 있는 것을 안다. 온갖 번뇌와 고통의 비바람을 맞고 이제 꽃피울 때만 남았다는 것을……. 하지만 급하지 않다. 그냥 최선을 다할 뿐……. 내가 이제껏 좋은 스승을 만났듯 시절 인연이 되면 그 꽃이 필 것이다.

나는 오늘도 지현 스님과 나무아미타불 염불을 한다. 내 안의 아미타불을 찾아서……

나는 오늘도 원허 스님과 기도한다. 교만하지 않고 하심하게 해달라고……

나는 오늘도 목종 스님과 참선한다. 내 몸과 내 마음이 나가 아닌 것을 보고…… 진여자성을 찾게 해달라고……

나는 오늘도 하나가 될 때까지…….

공든 탑은
무너지지 않는다

설봉 김일태

— 바라밀상 —

40여 년 전 아내는 여러 번의 유산으로 심신이 탈진 상태가 되었다. 우연히 부처님께 귀의하여 심신의 안정과 기력 회복으로 소중한 딸을 낳았다. 사랑의 꽃으로 태어난 딸을 세월 가는 줄도 모르고 애지중지 키우는 사이에 열매 같은 아들이 연년생으로 태어났다. 당시에는 불교의 '불'자도 부처님의 '부'자도 모르는 상태였지만 부처님께 귀의하였기에 천하를 다 얻은 기분이었다.

처음에는 절에 가는 것조차 어색하고 부자연스러웠다. 하지만 한 번 가고 두 번 가는 사이에 어느덧 아는 것은 없었지만 '공든 탑은 무너지지 않는다'라는 느낌이 머릿속에 각인되기 시작하였다.

직업군인 시절에는 군단 법사님께서 법회 오시는 주말이 기다려졌고, 법회를 준비하는 것이 목적 없이 마냥 노는 것보다 보람 있다는 사실도 깨닫게 되었다. 법회를 통하여 불자들과 함께 어울리고 공양을 나누는 즐거움이 모르는 사이에 나의 언어와 행동도 변화시키고 있었다.

그러나 평생직장으로 알았던 봄날 같던 직업군인 생활은 14년 만에 끝이 났다. 열심히 일했는데도 내 의지와는 상관없이 군복을 벗어야 한다는 현실이 야속하고 원망스러웠다. 내가 신행 생활에 회의를 느끼는 최대 위기였다. 군의 조직상 평생직장이 될 수 없다는 사실을 몰랐던 나의 무지와 무능이 평생 처음 부처님을 원망하는 불경을 저지르고 말았기 때문이었다. 나의 정진 부족을 부처님 가피 없음이라 탓했으니 그때의 불경은 두고두고 참회할 일이다.

하루아침에 군복을 벗은 내 처지는 캄캄한 밤중에 길 잃은 나그네 신세였다. 가야 할 방향도 목적지도 잃은 공황 상태였다. 난생처음 전지전능하신 부처님은 왜 이다지도 힘들 때 나에게 절실한 가피를 주시지 않을까? 이렇게 어려운 고비가 닥쳤는데도 감응이 없으실까? 회의감 때문에 발길을 돌리려 했지만, 거미줄 같은 불심이라도 남아 있었는지 돌려지지 않았다. 그때 발길을 돌리지 않았던 나의 결정이 일생의 자부심이 되었다.

나는 아내에 비하면 불자라고 말하기는 부끄러운 수준이다. 그래도 아내의 도우미 역할을 하는 셈 치고 열심히 동행했다. '아내 기쁘게 하는 것이 부처님 기쁘게 하는 것이요, 가화만사성과 부부 화합에 가피를 입는 것이리라.' 그렇게 생각하며 아는 것은 없어도 '공든 탑은 무너지지 않는다'라는 일념으로 부처님을 향한 하심 하나로 열심히 절간을 넘나들었다.

'아내 자랑은 팔불출'이라고 하지만 최소한 내가 보는 아내는 정말 불심으로 가득 찬 보살이다. 나는 아무리 열심히 노력한다 해도 아내를 따라갈 자신이 없다. 오로지 한눈팔지 않고 조상님을 위하고 가족을 위하고 자손을 위하여 지극정성으로 기도하는 모습은 갸륵함을 느끼게 한다. 아내는 내 신행 생활의 이정표이자 스승일지도 모른다.

백수가 되었다는 좌절감도 잠시, 가족 부양에 대한 의무감에 흐트러졌던 마음을 부처님의 가피로 다잡고 몇 달을 공부하여 예비군 지휘관 시험에 합격하였다. 발령지는 서남 해역 작은 섬 추자도였다. 부산에서 밤 배를 타고 제주도를 거처서 이튿날 정오는 되어야 도착할 수 있는 섬이다. 막상 도착한 섬은 낯설고 물선 객지이자 식수와 생활용수를 전적으로 빗물에 의존해야 하고 피붙이 하나 없는 타관살이의 고달픔이 기다리고 있는 외로운 섬이었다.

그 외로움을 극복하기 위해서 부처님을 찾았으나 추자도에는 불교가 200년 전에 맥이 끊어졌다고 하였다. 열악한 환경이었지만 먹고 살기 위해서는 직무와 섬 생활에 적응해 나가야 했다. 그러함에도 200년 동안 끊어진 불교의 맥을 이으라고 부처님께서 나를 섬으로 보냈으리란 생각이 들었다.

지금으로부터 30여 년 전, 당시로서는 절해고도나 다름없는 추자도에 어느 날 절을 창건하겠다는 스님이 방문하자 아내는 나와는 한 마디 의논도 없이 우리 식구 살기도 비좁은 방 한 칸을 스님께 내드리고 절이 완성되고 불자들의 축원 카드 작성과 점안 법회가 끝날 때까지 공양을 올리면서 도우미 역할을 하였다.

스님과 아내의 창건 의지가 확고함을 확인한 나의 임무는 부처님을 모실 집을 준비하는 것이었다. 첫술에 배부르지 않듯이 작은 섬에서 근사한 기와집에 산 좋고 물 좋고 경치 빼어난 장소를 찾는 것은 불가능이었다. 그래서 작은 공간이나마 불자들이 모여서 법회를 통하여 신심을 쌓을 수 있는 공간 마련을 목표로 정하고 주경야독의 심정으로 퇴근 후의 시간이나 주말과 공휴일에도 쉬지 않고 이 동네, 저 동네를 찾아다녔다.

어쩌다가 마을 어귀에 빈집을 수리하여 사용하기 위한 준비라도 할라치면 영락없이 타 종교인의 반대로 번번이 무산되고 말았다. 그럴 때마다 잘못하면 어렵게 얻은 제2의 직업마저 잃을까 위협을 느끼기도 하였다. 공직자는 민원에 약하다는 사실을 누구보다도 잘 알고 있기 때문이다. 내 직무는 공적인 영역이고 신행은 사적인 영역이기 때문에 공과 사는 명확하게 구분되어야 한다. 타 종교인이 반대할 때마다 내 개인을 위한 일이라면 포기하고 싶은 고비를 여러 번 넘겼다. 그러나 불자들 얼굴이 자꾸만 떠올라 포기하지 못하고 찾아다닌 결과, 마침내 어느 마을 언덕 위에 있는 적당한 크기의 빈집을 구하는 데 성공하였다.

스님께 빈집을 보여드리자 매우 만족해하셨다. 스님께서는 벽을 터서 법당으로 쓸 공간을 넓히고, 주변 정리를 하라고 하셨다. 스님의 지시가 아니고 부처님께서 나에게 주신 숙제란 생각이 들었다.

주말이나 공휴일이 되면 나는 삽과 해머, 곡괭이 같은 작업 도구를 챙기고, 아내는 간식과 빗자루 등 청소도구를 챙겨서 빈집 수리에 정성을 다했다. 소문을 들은 몇몇 불자들도 일손을 거들기 시작하였다. 중노동이지만 돈을 받고 하는 일도 아닌데 힘든 줄 몰랐다. 완성 단계에 이르러 가능성이 보이자 전기 배선 같은 기술이 필요한 분야도 지원받을 수 있었고, 정식 전기계량기를 설치할 수 없는 사정을 알고 전기까지 공급해주는 이웃도 생겼다. 그때처럼 부처님께서 일이 술술 풀리도록 가피를 주신 적이 없었다는 느낌이 들 정도였다.

준비가 끝나자 스님께서는 제주도에서 크고 작은 사찰의 도움을 받아서 석가모니 부처님을 모셔왔다. 1992년 음력 2월 초하루에 드디어 점안 법회가 성대하게 이루어졌다. 그 점안 법회는 추자도에서 200년 동안 끊어졌던 불교의 맥을 잇는 축제와 같은 법회가 되었고, 부처님 오신 날이 되면 불자들이 여객선을 타고 멀리 제주도나 진도, 목포로 봉축 법회 참석을 위하여 많은 시간과 경비를 들여서 출타하던 불편도 없어졌다.

당시 나와 아내의 적은 노력이 그해 3월 20일자 《한라불교신문》에 기사화되었지만 부끄러웠다. 부처님의 가피 덕분에 쇠락하던 어업이, 20척이 채 안 되던 조기잡이 어선이 70여 척으로 불어남에 따라 축복받은 섬이 되었다. 창건 12년 만에 어업이 활황을 이루자 더 많은 고기가 잡히기를 기원하고 어부들의 안전과 마을의 평안을 비는 풍어재가 개최되었다. 경건하고 엄숙한 분위기 유지를 위하여 바라춤을 필두로 시종일관 정중한 불교 의식으로 진행되었기에 풍어재는 모든 주민에게 만족스러운 축제가 되었다. 1995년에는 현충일을 앞두고 충혼묘지 확장 완공식 전에 유가족들의 요청으로 불교 의식으로 위령재를 지내기도 하였다. 면 단위 행사였지만, 스님들의 추천으로 내가 그 위령재 사회를 보는 영광을 누리기도 하였다.

빈집 수리로 출발한 지 1년 만에 불자들이 열심히 기도한 결과 마을회관 신축으로 필요 없게 되어서 경매로 나온 구 경로당을 불자들이 합심해서 낙찰받아 이사하게 되었다. 좋은 집은 아니었지만 제법 그럴법한 절 모양이 갖추어졌다.

창건 불사 후 내가 개인적으로 받은 가피는 참으로 지대하다. 어느 날 퇴근 무렵에 눈앞의 컴퓨터 화면이 바람에 커튼이 흔들리듯 하다가 의식을 잃었다. 함께 근무하던 상근 용사들이 급히 119 구급차를 불러서 보건지소로 신속하게 이송하였다. 두 시간 후 침대에서 눈을 떠보니 많은 사람이 나를 에워싸고 안쓰러운 눈초리로 쳐다보고 있었다. 공중보건의가 어디냐고 묻길래 보건지소라고 대답했다. 정신도 맑았다. 정신을 잃었던 두 시간 동안은 깜깜한 지하 공간에 갇혀 있다가 나온 기분 외에는 아무런 증상이 없었다.

그러나 깨어나기 전에 나를 후송시키기 위하여 이미 해군 고속정이 출항 준비를 하고 있었고, 제주도에서는 해양 경찰 함정이 출항하여 제주해협 중간에서 접선하여 배를 갈아타고 제주대학교 병원으로 후송하여 입원시키기로 결정되어 있었다. 제주도에 도착하자 야간 응급실에 입원해서 CT 촬영하였으나 이상이 없다고 하였다. 이튿날 정신과 진료를 하였으나 역시 이상이 없다고 하여서 복귀하였다. 부처님 가피로 20년 전에 죽었을지도 모를 목숨이 덤으로 잘도 살아가고 있으니 죽는 날까지 불제자로 살아가야 할 운명이다.

그 일로 정진은 좋은 때나 나쁠 때나 한결같아야 함을 터득하게 되었다. 등 따숩고 배부를 때 하는 정진은 통장에 돈이 저축되었다가 어려울 때 쓰이는 이치와 같은 것이 아니던가.

근무 중 모범예비군에 선발된 것도, 섬 근무를 마치고 육지로 발령받을 때 공직자로서의 모범적 근무와 불자들의 불심에 이바지한 뜻을 담은 면민 일동 명의의 감사패를 받은 것도 다 부처님 가피였다. 감사패를 받던 날 두 눈에 눈물이 흘렀다. 17년 전 섬으로 발령을 받은 것은 부처님 명령이었다는 생각이 들어서였다. 불자들 가피를 더 오래 지켜보며 함께하고 싶었지만, 상급 부대 명령에 따라야 하기에 추자도의 신행 생활은 17년 만에 막을 내렸다. 정들었던 불자들과 작별을 고할 때는 닭똥 같은 눈물을 주체할 수가 없었다.

육지로 나와서는 자주 고찰을 순례하는 기쁨을 누리는 신행 생활의 연속이 꿈만 같이 이어졌다. 이젠 고찰 순례가 내 생활의 일부이자 즐거운 여행이다. 그러나 기쁨도 잠시 부처님께서는 항상 기쁨에만 빠지는 자만심을 허락하지 않는다는 사실을 깨달았다.

대학 졸업을 앞둔 아들이 취업 문을 두드리게 되었다. 지방대에서 장학생으로 건축공학을 전공한 아들이 4학년 2학기부터 본격적인 취업 준비를 시작했다. 그러나 건설 경기 침체로 빅10 기업들이 아예 신입사원 모집을 하지 않아서 취업 문은 좀처럼 열리지 않았고, 지방대 출신이라는 불리함에도 성적이 우수하니까 원서를 접수하는 곳마다 1차 면접 대상자로 부르는 곳은 많았다. 하루에 오전, 오후 3곳에서 연락이 오기도 하여 유망한 기업 한 곳을 선택하여 면접에 응하는 작전을 세웠으나 모두 허사였다.

원서를 접수하고 서울을 오르내리기를 수십 회, 아버지로서 도움을 줄 수 있는 것은 여비와 숙박비를 마련해주는 것 말고는 망연자실한 상태였다. 한 달, 두 달이 금방 지나가더니 12월이 되었다. 유망 중견기업에 막차를 타는 심정으로 원서를 내고 면접에 임하게 되었다.

나는 면접 시간 오전 11시에 맞추어서 천 염주를 들고 지푸라기라도 잡는 심정으로 간절하게 부처님을 향한 일념으로 염송에 들어갔다. 부처님께서는 간절한 사람에게는 반드시 가피를 주실 것으로 찰떡같이 믿었다. 경건하고 엄숙한 심정으로 광명진언 염송을 시작했다.

시간이 얼마나 흘렀는지는 알 수가 없었지만, 염송 도중에 이상한 영상이 나타났다. 아들이 면접 차림의 단정한 옷을 차려입고 난데없이 진전지(경북 포항 오어사 앞 저수지) 언덕길을 뚜벅뚜벅 걸어서 올라가자 검은 치마와 흰 저고리를 입은 관세음보살님이 나타나더니 아들 목에 수건을 두르고 아기 세수 시키듯이 진전지 물을 손바닥에 척척 적셔서 얼굴을 문질러 세수를 시키고 수건으로 얼굴을 닦아주고는 사라졌다.

아들은 말없이 대웅전을 참배하고 원효암으로 올라갔다. 원효암에 도착하자 주지 스님께서는 작은 법상 앞에 아들을 앉히고 열변에 가까운 설법을 하셨다. 한참 동안 설법을 하시고는 건설공사가 착공되는 현장으로 가라고 하셨다. 아들이 도착한 공사 현장은 학교 건물을 지으려고 하는 운동장이었는데 그곳은 바로 원효암 뒤편이었다.

영상이 끝나자 염송도 끝났다. 마음은 기대감이나 실망감 없이 그저 평온했다.

포항 오천 운제산에 가면 오어사가 있고, 그 앞에는 진전지라는 저수지가 있다. 그런데 이상한 것은 그 큰 저수지가 아들을 세수 시킬 때는, 길에서는 물까지 사람이 걸어 내려가야 물을 만질 수 있을 만큼 먼 거리인데도 마치 바로 옆에 있는 세숫대야 같았다. 그리고 원효암 뒤편은 험준한 능선인데 그곳이 운동장처럼 평평 한 것도 이상하였다.

운제산 오어사는 이런저런 인연으로 드문드문 참배하던 절이었 고 골짜기로 올라가면 원효암이 나오는데 언젠가 불사 때 운 좋게 용마루 불사를 한 적이 있었다. 기와 불사는 흔히 했지만, 용마루 불사는 몇 장 남지 않은 상태였었다.

며칠 뒤 최종 합격 통지를 받았다는 기쁨의 전화가 걸려왔다. 아들도 아버지인 나도 그동안 마음고생으로 지쳐 있었지만, 부처 님의 가피에 감사하였다.

합격을 위하여 부처님께서 관세음보살님을 보내주시고 주지 스 님을 통하여 부처님의 가르침을 주시는 가피를 받으려고 오랫동 안 마음고생을 한 것 아닌가 하는 생각이 들었다. 삶의 어려운 고 비를 넘기는 약은 오직 기도정진뿐이라는 생각을 하게 되었다.

기도로 치자면 아내가 나보다도 훨씬 더 열혈 불자인데 부처님 께서는 왜 나를 통하여 가피를 주시는가? 곰곰이 생각해봤다. 그 것은 한 집안에서 돈을 가장이 벌어왔다고 해서 가장만 쓰는 것이 아니라 가족 중에 누구라도 유용하게 쓸 일이 생기면 써야 하는 것처럼 기도는 아내가 열심히 했으나 부처님께서는 아내의 정진을 나를 통하여 가피를 주셨을 것이다.

크나큰 가피를 받고 나서야 비로소 해마다 철철이 대입 수학 능력 시험 100일 기도를 비롯하여 취업 시험, 공무원 합격, 승진 시험, 건강 기원 등 자식이나 가족이 잘되기를 간절히 기도하는 사람들의 심정을 이제 완전히 이해하게 되었다. 그분들 모두가 나보다 더 큰 가피를 받을 수 있는 날이 반드시 올 것으로 확신한다. 그 기쁨의 순서는 은행 대기표처럼 정해진 것이 아니기 때문에 부처님께서는 다소 늦게라도 골고루 기쁨을 주시리라.

기쁨이 가고 나니 고통이 몰려왔다. 매일 새벽 1시가 되면 목을 조르는 듯한 숨 막힘 때문에 잠이 깨는 현상이 생겨서 인근 한의원을 찾아 진맥하였다. 원장선생님께서 무슨 걱정되는 일 있느냐고 물었다. 있다고 하자 그 걱정이 끝난 상태인지 계속되고 있는 상태인지를 물었다. 아들이 최종 합격하였으니 다 끝났다고 하자 알았다고 하면서 보름치 약을 지어주고 며칠간 침을 맞으면 낫는다고 하였다. 치료가 끝나자 폭풍 지나간 바다처럼 평온하였다.

그러나 얼마 지나지 않아서 그 고통은 부처님께서 주신 벌이라는 생각이 번쩍 들었다. 가피에 도취한 나머지 감사의 예를 갖추지 않은 벌을 받은 것이었다. 두고두고 참회하라는 벌이었다. 부처님의 가피에 감사함을 모른다면 배은망덕이 아니던가. 낮이 끝나면 밤이 시작되고, 밤이 끝나면 낮이 시작되듯이 한 가지 기도의 끝은 새로운 기도의 시작이라는 사실도 깨우치게 되었다.

'공든 탑은 무너지지 않는다'라는 불변의 진리는 내 신행 생활의 좌우명이 되었다. 어려운 때일수록 더욱 정진하여 내게 기쁨이 있으면 부처님의 가피요, 기쁨이 없으면 정진이 부족한 내 탓임을 알았다. 부족한 정진에도 늘 가피를 만나게 해주시는 거룩하신 부처님께 오늘도 감사의 삼 배를 올려본다.

부처님! 보시와 지계와 참회를 신조로 더욱 정진할 것을 다짐합니다.

부처님! 마음이 배고파지면 정진으로 채울 것을 다짐합니다.

부처님! 감사합니다.

벼랑 끝
100일 기도

| 바라밀상 |

다문 류현석

나는 절벽 끝에 서 있었다. 처음부터 절벽에 다다를 것이라고 알고 간 것이 아니라, 정신을 차려보니 나도 모르게 어느새 절벽 끝에 와 있던 것이었다. 그것도 밑에는 바다가 있어서 떨어지더라도 운이 좋으면 살 수도 있겠다고 생각이 드는 그런 멋진 풍경의 절벽이 아니라, 바다는 저 깊은 어둠 속에 있어 그야말로 천 길 낭떠러지라는 말이 잘 어울리는 그런 곳에 다다른 것이었다. 나는 한순간 '온 길로 다시 돌아갈까?'라는 생각을 했다. 하지만 깨달았다. 이미 지나온 길은 내 기억 속에서만 남아 있을 뿐, 돌아갈 수 없다는 사실을.

인생을 그래프로 표현하자면 나는 내리막길에 서 있었다. 해외 생활을 오랫동안 해온 나는 자기 자리를 유지하기 위해서 끊임없는 자기 노력이 필요하다고 믿고 또 그렇게 살아왔다. 하지만 그런 믿음을 비웃듯 노력으로는 어떻게 할 수 없을 만큼 가정과 직장생활이 어그러지기 시작했다. 그렇다 보니 자연히 현실 도피적인 사고를 하는 시간이 늘어났고 마침 예전부터 꿈을 꿔왔던 영어권으로 유학을 갈 수 있는 환경이 갖추어져 있는 것을 발견했다. 그래서 나는 '사람은 도전할 수 있을 때에 도전해야 한다'는 말에 기대어 영어권으로의 유학을 결심했다. 영어를 나랏말로 쓰는 나라는 여러 군데가 있지만 적게나마 지식을 가지고 있던 호주의 대학원으로 유학을 결정하고는 11년간의 일본 생활을 정리했다. 11년이라면 긴 세월이긴 하지만 정리하려고 마음을 먹으니 가구, 가전제품 등 유학을 가서도 필요한 옷가지를 제외하고는 일주일도 채 걸리지 않았다. 물건이 없어져 소리가 울리는 텅 빈 공간에 서 있으니 11년간 내가 내 자리를 유지하기 위해 했던 노력의 역사가 마치 없었던 것처럼 느껴졌다.

그렇게 한 번도 가본 적이 없는 호주로 갑자기 떠난 나는 처음 반년은 이해할 수 없는 언어와 기초 지식을 채우느라 시간을 보냈고, 그다음 일 년은 내 저금의 대부분을 차지한 수업료의 본전을 뽑기 위해 수업을 쫓아다니느라 시간을 보냈다. 그렇게 마지막 학기가 되었을 때는 유학 초기에 가지고 있던 근거 없는 자신감의 근거 없음을 확인하며 너무나 무모한 선택을 한 자신을 발견했다. 저축은 아직 남아 있었지만 대학원까지 졸업을 했음에도 불구하고 영주권의 부재, 그리고 위축되어 가고 있던 호주 경기로 인해 직장을 가지는 것이 거의 불가능한 현실이 눈앞에 있었다.

나는 이제까지 자신이 노력해온 것이 내가 한 잘못된 선택으로 인해 모두 다 복구 불가능하게 된 것같이 느꼈다. 그러고는 다시는 좋은 생활로 돌아올 수 없게 된 것이 아닌가 하고 후회를 했다. 돌이켜 보면 일본에서 자리를 잡고 있던 생활을 다 청산하고 호주 유학을 결정할 때는 부모님이나 친구들의 반대도 있었다. 하지만 나는 도전을 하지 않는, 현실에 안주하는 것이 더 나에게는 독이 될 것이라고 믿어 앞이 탄탄해 보이는 직장생활을 접고 앞이 보이지 않는, 그래서 더 나은 미래가 있을 것이라고 믿었던 길을 선택했던 것이었다. 영어권으로의 유학이라는 화려함에 눈이 가려져 현실에 대한 대비를 전혀 하지 않은 자기 자신을 책망했다. 그리고 나름 영어에는 자신이 있었지만, 2년이 지난 뒤에도 유창하다고는 할 수 없는 영어 실력을 실감하며, 이제까지 자신을 너무 과대평가하고 있었던 것은 아닌가 하고 돌아보게 되었다. 하지만, 이제 와서 돌아갈 수도, 그리고 자기 연민적인 마음을 누구에게도 내놓을 수는 없었다.

세상 어느 누구도 나를 이런 어두운 상황에 몰아넣은 것이 아니었음을 알았기 때문이었다. 그래도 어떻게든 살아가야겠기에 나는 내가 한 선택은 잘못된 것이 아니라고 불안한 마음이 들 때마다 자신에게 들려주었지만 내 마음속은 조금씩 검은색으로 번져 나가기 시작했다.

그래도 죽으라는 법은 없는지, 운이 좋게도 급여는 얼마 되지 않았지만 생활을 유지할 수 있을 만큼의 일을 졸업을 눈앞에 둔 시점에 가질 수 있었다. 결코 직장환경이 좋다고 할 수는 없었지만, 내 나이, 능력 등을 고려할 때, 다른 선택지는 없었다. 작은 회사였기에 인간관계를 넓힐 수도, 적은 임금으로 새로운 경험을 할 수도 없는 채, 창살이 없는 감옥과도 같은 생활을 일 년간 계속해 나갔다.

그런 해외 생활에서 마음의 위안을 주고 계속해 나갈 힘을 준 것은 불교였다. 다르게 말하자면 기도의 힘이라고 할 수 있었다. 나는 처음 해외 생활을 시작하기 전인 20대 중반에 부모님의 영향으로 절에 다니게 되었는데, 그전까지는 무늬만 불교 신도였지 구체적인 교리나 수행에 대해서는 전혀 알지 못했다.

부모님이 다니시던 절에 가서 스님을 만나 뵙고 난 뒤에는《부모은중경》이나《지장경》을 시작으로《금강경》까지 읽게 되었고 나름대로 지식을 쌓아나갔다. 그리고 때로는 108배기도 등을 통해 단순히 복을 바라는 수준이 아닌, 바깥세상에서는 얻을 수 없는 작은 깨달음이라고도 할 수 있는 경험도 하면서 불교에 대해서 점점 심취하게 되었다.

환경에 따라서 다르지만 해외 생활에서는 때로 언어나 문화가 다르기 때문에 생기는 어려움이나 가족이나 친지 등 기댈 곳이 없어 혼자 힘으로는 도저히 헤쳐나갈 수 없는 벽을 만나기도 한다. 그럴 때마다 나는 불교를 때로는 길을 더듬는 지팡이로, 때로는 길을 밝히는 등불로 삼아 앞이 보이지 않는 길을 나아갔다. 그러면서 알게 된 것은 내 눈앞의 상황이 내가 감당할 수 없는 듯 느껴질 때는 기도의 힘을 빌리는 것이 큰 도움이 된다는 것이었다. 또한 그런 힘든 상황에 처했을 때 고통스러운 마음을 기도로써 잘 다스릴 때마다 한 단계씩 성숙해지는 나를 발견하기도 했다. 그렇게 불교와 연을 맺은 지 15년도 지나 어느 정도는 살아갈 힘을 가질 법도 했을 텐데, 내 상상을 초월하는 불행을 마주했을 때, 너무나 무력한 자신을 발견하게 되었다.

호주에서 유학을 끝내고 마음에 꼭 든 건 아니지만 선택의 여지가 없어 선택한 직업도 앞으로 기대할 만한 어떤 징후도 보이지 않아 호주에서의 생활을 그만 끝내고 한국으로 돌아가려는 생각을 할 때였다.

대학의 교수님을 통해 우연히 알게 된 지인이, 보통 호주로 오기도 힘든데 이렇게 포기하고 돌아가는 것은 아깝지 않느냐고 물어봤다. 그러면서 할 수 있는 것은 다 알아보고, 그래도 길이 안 보이면 그때 가서 돌아가도 늦지 않을 거라고 했다. 나는 아직 비자가 1년 정도 남아 있기도 하고, 지인의 말도 일리가 있어, 밑져야 본전이라는 생각으로 내가 살고 있던 캔버라보다 더 큰 곳이 기회가 많을 것이라 믿고 이동을 결심했다. 일단 도시를 방문해서 분위기를 알아보기로 하고 그 첫 번째 도시로 브리즈번을 선택했다. 브리즈번에는 나에게 조언을 해준 지인이 살고 있었고, 고맙게도 남는 방을 빌려준다고까지 해서 더욱더 마음이 당겼다. 그렇게 오랜만에 부푼 마음을 안고 도착한 브리즈번은 확실히 큰 도시답게 마을 풍경부터 마음을 들뜨게 하는 무엇이 있었다.

지인의 집에 도착한 나는 그날 저녁에 파티가 있다는 말을 듣고 인맥도 넓힐 겸해서 지인과 함께 시내로 향했다. 그곳에서는 호주인뿐만 아니라 이민자까지 배경도 가지각색인 사람들이 있어서 도움되는 이야기를 많이 들을 수 있었다. 특히 내 경력을 들은 몇몇 사람들은 이력서를 낼 만한 회사까지 소개를 해주어 비용을 들여 브리즈번까지 온 보람이 있었다. 하지만, 희망의 빛이 보였던 것도 거기까지였다.

파티가 끝나고 집으로 돌아오기 위해 주차를 한 곳으로 지인과 함께 가는 길이었다. 돌연 뒤에서 목소리가 들려왔다. 처음에는 우리를 향해서 하는 말이라는 생각을 못 하고 그냥 갈 길을 가는데 목소리는 점점 커지며 가까워졌다. 반사적으로 뒤를 보니 남자 4명이 그룹을 지어서 점점 다가오는 것이 보였다. 그리고 들려온 목소리는 "가방을 내놔"라는 말이란 걸 알아차렸다. 나에게 여유가 있었다면 몸을 다치는 것을 더 걱정해서 그냥 가지고 가라고 했을 텐데 수입이 없던 나에게는 그럴 만한 여유가 없었다.

궁지에 몰린 쥐마냥 나는 싫다고 크게 소리를 쳤다. 아마도 내태도가 그들을 더욱 자극했으리라. 나는 그렇게 소리를 치며 재빠른 걸음으로 그곳을 벗어나려고 했다. 그런데 그때 '쿵' 하고 얼굴에서 소리가 나며, 안경은 어딘가로 날아가 버렸다. 그리곤 내 손은 내 의지와 관계없이 얼굴을 감싸고 있었다. 상황을 보니 어느새 내 뒤로 한 사람이 다가와 내가 방어를 하기도 전에 손에 가지고 있던 둔기로 얼굴을 친 것을 알았다. 그렇게 몸을 웅크리고 있으니 그들은 내 가방을 열어젖히고는 안에 든 물건을 들고 가버렸다. 정신이 없던 나는 단지 그 사람들이 소리를 치면서 멀어져가는 것 정도밖에 인식할 수 없었다.

그 장소를 빠져나가고 난 뒤 겨우 정신을 차리고 나니, 얼굴을 감싸고 있던 손에 감각이 돌아왔다. 손에는 끈적끈적한 물기가 느껴졌고 피가 흐르고 있는 것 같은 느낌이 들었다. 그래서 서둘러 지인의 차로 병원에 도착했을 때, 나는 너무나 비현실적인 현실을 맞이하고는 아무런 반응도 할 수가 없었다. 의사가 내가 손으로 감싸고 있던 왼쪽 눈을 떠보라고 했을 때, 생전 처음 보는 풍경이 나타났다. 그것은 아무런 형체도 없는 하얀 빛만이 보였기 때문이었다. 의사는 아무래도 눈이 관통되어 얼른 수술을 받아야 할 것 같다고 했다. 나는 정신이 혼란한 가운데 익숙하지 않은 이국의 말로 듣는 충격적인 소식에 뭐라 형언할 수 없는 기분이었다. 그때 깨달은 것은 슬픔이란 감정은 온전히 슬퍼할 수 있는 환경에서만 눈에서 눈물을 흘려보내는 것이었다. 그렇게 브리즈번의 첫날은 희망이라는 달콤함으로 시작해서 한 치 앞이 보이지 않는 가슴이 텁텁하게 막히는 괴로움의 쓴맛으로 끝을 맺었다.

나는 병원에서 긴급 수술을 받고 나서는 그다음 날 아침에 자세한 설명을 들었다. 역시나 눈은 뚫린 것이 맞았고, 그러면서 수정체는 물론 홍채도 일부 드러내었다고 했다. 그리고 눈 주위는 찢어져 눈을 바르게 뜰 수 없는 상태였다. 나는 급하게 언제면 다 나을 수 있는지 물었고, 그 답은 1년이란 도저히 오지 않을 것 같은 기간이었다. 당장 내 머릿속에서는 1년 동안 이곳에서 지낼 수 있는 비자가 없는 것, 그리고 감당할 수 없는 수술비 등 답이 나오지 않는 현실로 가득 찼다. 그럼에도 불구하고 나는 한국의 집에는 연락할 생각을 전혀 하지 않았다. 부모님이 아신다고 한들 경제적으로 여유가 없다는 것을 나는 잘 알고 있었고, 내 고집으로 온 호주에서 이런 일을 당했다고 말을 하는 것 자체가 용납이 되지 않았기 때문이다. 일련의 병원 수속을 마치고 나는 내 여건이 허락하는 한 치료를 받기로 결정하고는 브리즈번에 머물렀다.

다행히 다음 수술까지는 큰 비용이 들지 않아서 약 6개월간 최소한의 생활만을 유지하며 버티었다. 도중에 아르바이트도 해보려고 해봤지만 한쪽 눈이 보이지 않는 상태에서는 누구나 다 할 수 있는 청소조차도 만족하게 할 수 없어 금방 그만두게 되었다. 그렇게 앞으로 3개월이면 저금도 바닥을 드러내, 한국으로 돌아 갈 차비만 남게 된 것을 알게 된 나는 그야 말로 절벽으로 다다르 게 되었다.

가진 것을 점점 잃어가는 것을 보는 것이 얼마나 괴롭고 불안한 일인지 직접 겪어본 사람은 안다. 그리고 그 끝이 보이게 되면 나 도 끝이라는 생각과 함께 눈에서는 모든 빛이 사라지고 기력도 잃 어버린다.

나도 마찬가지였다. 그렇게 궁지 끝에 몰린 나는 죽음을 생각하 게 되었다. 그래도 힘들게 죽고 싶진 않아서 편하게 죽을 수 있는 방법을 찾아보다가 치사량의 수면제를 알게 되었다. 그런데 우습 게도 수면제의 가격이 너무나 비싼 것을 보고 사고 싶은 마음이 쏙 들어가 버렸다. 나는 그 순간, 내 자신이 죽음을 각오한 사람이 라고 하기에는 너무나 한심한 마음을 가지고 있는 것을 알아버린 것과 동시에, 가족이 떠올라 내 자신이 너무나 어리석게 느껴졌 다. 또한, 불교도라는 것도 다 잊고 어디에도 존재하지 않는 사람 처럼 내 자신을 내팽개쳐 둔 것을 후회했다. 후회와 함께 생각했 다. '그래, 수능시험을 칠 때조차 사람들은 부처님께 부탁을 하는 데, 지금 내게 닥친 이런 어려움을 부탁하지 않을 이유가 없지 않 은가.' 그리고 내게는 아직 100일이 남아 있었다.

그런 생각과 함께 나는 벼랑 끝에서 멈춰 섰다. 그리고 그 자리에서 생각했다. 아직까지는 벼랑 밑으로 떨어지는 길밖에 내 눈에 비치지 않지만 그 실행을 100일간 지연한다고 해서 더 이상 잃을 것도 없다고 생각하니 도리어 마음이 편해졌다. 그렇게 나는 내 목숨을 걸고 100일 기도를 시작했다. 기도는 몸에 제일 배어 있던 108배로 정했다. 하루, 이틀, 사흘, 나흘 108배를 움직이지 않는 몸을 이끌고 꾸역꾸역 한 배, 한 배씩, 평소라면 금방 끝냈을 텐데 몇 배나 되는 시간이 들었다. 하지만, 다행히도 나에게는 시간은 충분히 있었다. 문제는 기도의 시작과 함께 내가 가지고 있던 트라우마는 더 심해져 밤에는 대문 밖으로 한 발짝도 나갈 수가 없게 되었고, 낮이라도 밖에 다니는 사람들 중에 조금이라도 나를 다치게 한 사람과 비슷한 사람이 나오면 내 몸은 소스라치게 놀라고 온몸에서는 땀이 배어 나왔다.

그런 상황에 계기가 찾아왔다. 약 30일 정도 기도를 했을 때, 적어도 기도를 하는 동안에는 마음에 따뜻한 빛이 흘러 들어오는 듯한 느낌이 나기 시작했다. 그리고 그 느낌은 날을 거듭할수록 더욱 확실히 느껴지기 시작했다. 기도의 끝이 보이기 시작한 90일이 되었을 때, 나는 내 가슴 속에서 목소리를 듣게 되었다. 나는 남이라고는 할 수 없는, 그렇다고 나라고 하기에는 너무나 고귀한 느낌의 사람의 음성을 들었다. 그 내용은 "9월 말에 한국으로 돌아가라"였다. 이런 경험을 한 적이 없던 나는 이 말이 진짜인지, 그리고 정말로 내가 들은 것인지 아무런 확신도 없었지만, 묘하게 그 말에 납득이 갔다. 그리고 나머지 10일을 채워 100일 기도를 무사히 끝냈다. 내가 100일 기도에서 얻은 것은 어떤 큰 깨달음은 없었고, 단지 한국으로 돌아가라는 지시만 있었다.

　나는 내가 들은 말대로 호주의 생활을 정리하고자 호주에서 조금이라도 연이 있었던 사람들에게 이제 돌아간다고 전하기 시작했다. 3년을 넘게 지냈지만 아는 사람이 그렇게 많지 않아서 이틀 정도 지나니 모든 연락을 끝낼 수 있었다. 그런데 연락한 사람들 중에 한 분에게서 전화가 걸려왔다. 그분은 내가 치료도 끝까지 못 받고 한국으로 돌아간다는 사실이 너무나 분하다고 했다. 그 말을 들은 나는 정작 다 포기한 상태여서 한쪽 눈이 안 보여도 상관없다고 생각하고 있었다. 하지만, 그분은 자신이 좀 알아보겠다고 한 뒤, 다시 연락이 와서는 모금 운동을 해보자고 제안을 해주었다. 나는 그제까지 누가 나를 아무런 조건도 없이 도와줄 것이라는 생각을 하지 못해, 모금을 해보겠다는 생각은 일체 하지 않았지만 밑져야 본전이라고 생각해보기로 했다. 모금 페이지 작성에까지 그분은 도움을 주셔서 하루 만에 내 상황과 어떤 일을 겪었는지를 다 쓰고 바로 그 페이지를 공개했다. 나는 모금이 쉽지 않을 것이라 예상해서 나를 도와준 분에게만 페이지를 게재했다고 말을 알리고 SNS에만 게재한 뒤는 그냥 있었다. 그런데 생각지도 못한 일이 일어났다.

　갑자기 내 핸드폰이 울리기 시작했다. 메시지를 보니 누군가가 나에게 모금을 했다는 내용이었다. 그런데 놀라운 건 그 금액이었다. 갑자기 백만 원이라는 기부가 이루어진 것을 보았다. 기부자는 내가 예전에 일본에서 일하고 있을 때의 직장 동료였다. 그걸 확인한 순간, 또 다른 기부의 알림이 울렸고 미처 확인하기도 전에 또 다른 알림이 연이어 오기 시작했다. 나는 순간 무슨 일이 일어나는지 어안이 벙벙했다.

이 도움의 손길은 계속 이어져 놀랍게도 내가 수술비로 모으려고 한 금액이 단 4일 만에 다 모였다. 그 순간, 내 눈에는 이제까지 보였던 절벽으로의 일방통행이 사라지고 밝은 빛으로 된 다리가 펼쳐지는 것이 보였다.

그 후에는 일사천리로 일이 진행되어 병원에서 추가로 수술을 받을 수 있게 되었고, 궁핍한 생활에서도 벗어났다. 그제야 나는 부모님께 이제까지 일어난 일을 알리기로 결심했다. 꾸중을 받을 각오로 얘기를 다 하고 나니, 마음의 큰 짐을 다 덜어낸 것 같았다.

나는 내가 기도의 끝에서 들은 '한국으로 돌아가라'는 말이 불보살님의 음성이었다고 생각한다. 나는 사방팔방이 다 막힌 가운데 혼자서 발버둥치는 것을 그만두었다. 그러고는 온몸과 마음을 온전히 기도에, 불보살님께 던졌다. 그런 기도에 결실이 있었는지 불보살님의 음성을 들었고 실제로 사람의 모습을 한 불보살님을 만나서 모금으로 이어졌다고 믿고 있다. 한 줄기 빛도 없어졌다고 생각했을 때, 육안으로는 너무 밝아 눈을 뜰 수조차 없는 빛으로 온몸을 감싸주는 불보살님을 만났다. 그리고 지금 나는 내가 받은 사랑을 옛날의 나와 같이 고통 속에 있는 사람들에게 돌려주기 위해 하루하루 감사히 살아가고 있다.

가족 갈등의 해결은
내가 먼저 변해야

보림 박영배

불교의
인연

    2012년 2월, 31년간 다녔던 대학에서 정년퇴임했다. 초등학교 6학년 담임선생님의 권유로 교회에 다닌 6년이 인연이었는지 몰라도, 1981년 2월에 기독교 대학의 컴퓨터공학과에 교수로 임명되었다. 기독교 대학에서는 크고 작은 행사가 기도로부터 시작하여 기도로 끝난다. 1986년 친구의 소개로 아내와 함께 처음으로 보명사에 다니게 되었다. 불교와의 인연 시작은, 불공드려 나를 낳았다는 어머님 손에 이끌려 어릴 때 절에서 점심 공양한 것이었으리라. 성장하면서 무언가 모를 불교에 대한 목마름이 항상 있었다. 장모님께서도 불자이셨기 때문에 아내와 함께 절에 다니는 것은 지극히 자연스러웠다. 그러나 기독교 대학에서는 절에 다닌다는 것을 표면적으로 나타낼 수가 없었다. 그래서 퇴임하자마자, 이 목마름을 해소하고 더 배울 목적으로 혜국 스님이 계시는 충주 석종사 불교대학에 입학했다. 1년 동안 매주 목요일마다 서울에서 충주까지 열심히 다녔다. 개근상도 받았다. 부처님 생애, 불교 교리, 불교 역사 등을 배웠다. 뭔가 채워지지 않는 목마름과 매년 줄어든다는 청년 불자들을 위해, 2014년에는 포교사 자격증을 취득했다. 신임 포교사들을 위한 6개월의 교육을 받았는데 실망스러웠다. 수준 있는 불교 교리를 기대했건만. 2년간 전방부대 장병들에게 설법을 하였으나 불교 교리에 한계를 느꼈다. 목마름 때문에 포교 활동을 중단했다. 목마름을 어느 정도 해결하고, 다시 2020년 8월에 포교사 자격을 회복했으나, 지금은 코로나바이러스-19로 인하여 포교 활동이 중단된 상태이다.

선지식의
친견

석종사 혜국(대종사) 스님과의 인연은, 2004년 봄 조계사에서 12주 동안 토요일마다 "간화선 중흥을 위한 선원장 초청 대법회"가 개최되었는데, 큰스님 12분(고우, 무여, 대원, 함주, 현산, 법장, 영진, 지환, 혜국, 현응, 도현, 설정)의 법문을 듣고 나서, 녹음테이프 12개를 다시 들으면서 어느 스님의 법문이 내 가슴을 크게 울리는가를 찾는 것에서 시작되었다. 1시간 거리의 통근버스, 왕복 2시간, 1주일에 3일 출퇴근길에 혜국 스님의 법문 "머무는 곳마다 주인되어 진실되게 사는 법"을 들었다. 같은 내용을 40번째쯤 들었을 때, 그렇게 어렵던 법문 내용에 귀가 열리는 것 같았다. 7월에, 아내와 함께 충주 석종사 혜국 스님을 친견했다. 여름방학 2개월, 주말에 한 번 친견할 때마다 우리 부부를 위해 보이차와 함께 1시간씩 대승불교와 화두참선 법문을 해주셨다. 법명 "寶林"과 화두 "庭前柏樹子"도 주셨다. 이듬해 2005년 1월, 혜국 스님을 따라 아내와 함께 10박 11일 동안 인도 8대 성지 순례를 다녀왔다. 부처님의 발자취 따라 8대 성지마다 혜국 스님께서 직접 법회를 주관해주셔서 더욱 환희심이 났다. 5월 어머님이 세상을 떠나실 때, 아내와 함께 아침 일찍 서울에서 부산까지 KTX를 타고 병원에 도착하니, 몸은 싸늘한데도 숨만은 남아 있었다. 제가 어머님께 "49재를 꼭 해드릴 테니 마음 편히 가십시오" 말한 2시간 후에 숨을 거두셨고, 그때 혜국 스님께서 와주셨고, 석종사에서 49재를 지냈다.

2005년부터 석종사 혜국 스님으로부터 매월 정기법회에서 들은 법문 내용들은 간화선, 화엄경(6년 반), 원각경(2년 반), 능가경(2년 반), 능엄경이었고, 《불교방송》을 통해 들은 내용들은 법화경, 금강경 5가해, 유식 30송, 서장, 선요 등 대승경전과 선불교의 내용들이었다. 목마름을 채우기 위해서 백일 법문, 6조단경, 돈오입도요문론, 신심명·증도가 강설, 간화선, 서장, 선요 등을 읽고 또 읽고 사유思惟했다. 화두참선 수행은 2008년 하안거부터 2019년 동안거(지금은 코로나-19로 인해 쉬고 있음)까지 석종사 시민선방에 방부를 들였다. 혜국 스님의 소참법문과 참선 지도를 받았다. 그래도 채워지지 않는 목마름은 계속되었다. 그것이 무엇일까?

불교에 대한 목마름

그 목마름이란, "諸行無常"의 行과 "色受想行識"의 行과 12緣起說의 行의 의미가 같은가, 다른가? "諸法無我"의 法과 "色聲香味觸法"의 法과 "身受心法"의 法과 "歸依法離欲尊"의 法의 의

미가 같은가, 다른가? "色聲香味觸法"의 觸과 12緣起說의 觸의 의미가 같은가, 다른가? 12緣起說에서 6入과 6根은 의미가 같은가, 다른가? "歸依法離欲尊"에서 많은 한자 중에서 왜 하필이면 離欲인가? 12緣起說에서 名色이《잡아함 298》에서는 5蘊으로 설명하고 있고,《중아함 97 大因經》에서는 "만약 意識이 어머니 태[母胎]에 들어가지 않았더라도 名色이 있어 이 몸을 이루었겠는가?" 즉, 새로 태어나려는 중생의 정신(名)과 육체(色)로 설명하고 있는데, 명색의 의미가 이것뿐인가? 이미 태어나서 5蘊으로 살아가는 중생들에게도 같은 의미인가?《쌍윳따 니까야 12.65》에서의 名色은 어떻게 이해해야 하는가? 그리고 부처님께서는 "나"라고 부르는 것이 "5蘊"이라고 하셨는데, 이 5蘊은 어떤 경우에, 어떻게 생성되는 것인가? 이것을 알면, 반야심경에서 "5蘊 皆空"을 쉽게 이해할 수 있지 않을까? 부처님께서는《잡아함 335 第一義空經》에서 有業報無作者를 空이라고 하셨는데, 業報는 있으나 業을 짓고 받는 作者는 없다는 말이 무슨 의미인가? 어떤 수행을 해야 業이 소멸되는가? 우리는 왜 發願을 하며 살아야 하는가? 生命의 실상은 동사적인가 명사적인가? 어떻게 사는 것이 바른 삶인가?

오래전부터 많은 불교 서적을 읽었지만, 이러한 질문들에 대한 해답을 대승경전에서는 찾기가 어려웠다. 2015년 가을부터는 초기불교 서적들을 읽었고, 특히 "붓다가 깨달은 연기법"과 "붓다의 철학"은 저자의 직강도 들었고, 하루 평균 3시간, 4년 동안 많은 서적을 깊이 있게 공부했다. 특히, 《아함경》과 《니까야》를 읽으면서 위 질문들에 대한 해답을 하나씩 얻게 되었다. 석종사 불교대학에서 특강도 했다. 코로나-19의 1년이 공부하기에는 매우 좋은 기회였다.

AD372년에 중국에서 고구려에 대승불교가 들어왔고, 이어 6C에 선불교가 접목되어, 현대를 사는 우리들은 초기불교는 지나쳐 버려 잘 모르는 채, 처음부터 큰스님들의 법문이나 수행 방법이 자연스럽게 대승불교와 선불교에 제한될 수밖에 없었다. 목마름이 어느 정도 해소된 지금은 큰스님들의 법문이 귀에 잘 들어온다. 그러나 초보 불자에게는 대승불교와 선불교가 너무나 어렵다. "捨敎入禪"도 버릴 敎가 있어야 敎를 버리고 禪에 들어갈 수 있다.

가족의 갈등

불교의 목마름이 해소되면서, 가족의 갈등(부부, 자녀)에 대해 고민했다. 나와 아내는 장인어른의 중매로 맺어진 부부로서 7년 차이며, 결혼 초기부터 몇 년 전까지 가정사의 대부분을 내 의견과 주장대로 이끌어 왔다. 전형적인 가부장적인 남편이었다. 그러다 보니 부부의 갈등이 심한 편이었다. 조금 섭섭한 말을 듣거나, 철없는 행동을 봐도, 내 마음에 들지 않고 내 기분(잣대)에 맞지 않으면 화부터 내고 고함을 치곤 했었다. 애들의 교육 문제에서도 사사건건 의견이 달라서 갈등이 생겼다. 아내는 서울에서 부유한 가정에 태어나 직장도 갖지 않았던 규수인 반면에, 나는 시골에서 중학교를 졸업하고 부산, 서울에서 혼자 어렵게 공부하였기 때문에, 자란 환경이 너무나 달랐다. 생각해 보니 갈등의 원인이 "성격의 차이" 때문이었다. 다투고 나면 서로 자존심 때문에 사과는커녕, 먼저 말도 걸지 않아서 짧게는 3일, 길게는 몇 주 정도 대화 없이 지낼 때도 있었다. 아내도 애들도 내가 언제, 어떤 말에 폭발할지 모르기 때문에, 대화는 단절되고, 항상 긴장하고, 불안하고, 무거운 집안 분위기였다. 문제는, 아내가 나이가 들면서 스트레스로 인해 혈압과 심장(부정맥)에 문제가 생겨 정기검진을 받아야 했다. 나의 어리석고 철없는 언어폭력으로 인해 혹시 아내를 잃는 것은 아닌지 덜컥 겁이 났다. 이때 혜국 스님의 법문이 생각났다. "가족의 화목은 내가 먼저 변해야 한다"는 말씀.

갈등 원인인 성격性格 차이는
세간世間의 차이

갈등의 원인은, 가족 구성원들의 세간世間이 서로 다름을 깊이 깨닫지 못하고, 내 世間(잣대)대로만 세상을 판단하고 주장하며 살았기 때문이었다. 모든 갈등의 원인인 "성격性格의 차이"를 부처님께서는 《잡아함 230경》에서 "세간世間의 차이"라고 말씀하셨다.
《잡아함 230 삼미리제경》["세존이시여, 이른바 세간이란 어떤 것을 세간이라 이름합니까?" 붓다께서 삼미리제에게 말씀하셨다.
"말하자면 눈, 형색, 안식, 안촉, 안촉을 인연으로 생긴 느낌, 즉 안
으로 느끼는 괴로움, 즐거움, 괴롭지도 않고 즐겁지도 않음과, 귀,
코, 혀, 몸에서도 같으며, 뜻, 법, 의식, 의촉, 의촉을 인연으로 생긴
느낌, 즉 괴로움, 즐거움, 괴롭지도 않고 즐겁지도 않음, 이런 것들
을 세간이라고 이름한다."]

   經에서 眼耳鼻舌身意와 色聲香味觸法의 표현은 內6入處와
外6入處를 의미한다. 眼入處와 色入處에서 연기한 眼識과 18界
(眼界, 色界, 眼識界)로부터 眼觸에서 연기한 眼受(苦, 樂, 不苦不樂),
이런 것들을 世間(6識, 6觸, 6受)이라고 하셨다. 우리는 하나의 세계
에 인간과 여러 중생들이 함께 살고 있다고 생각하고 있으나 부처
님께서는 중생들의 마음에서 연기한 각기 다른 世間 속에서 살고
있다고 하셨다(一水四見). 따라서 世間은 세상을 살아가면서 연기
한 것만 그 사람의 世間, 즉 경험(18界), 대상에 대한 감정(受), 마
음(識)이 각각 다르므로, 중생들의 세간인 3界(욕계, 색계, 무색계)가
다른 것이다. 《쌍윳다 35.116》"世間의 끝에 도달하지 않으면, 괴
로움[苦]에서 벗어날 수 없다." 이를 뛰어넘어야 우리의 목표인 出
世間에 도달하겠지요.
   世間을 설명하는 다른 경을 소개하면,《쌍윳다 1.70 세간경》세
간은 여섯(6入處)에서 생겨났다.《쌍윳다 35.82》파괴되기 때문에
'世間'이라 부른다.《쌍윳다 35.85 空》세간은 비어있다[空].《잡아

함 232 空》世間은 空[世間空]이다.《잡아함 37 我經》과《쌍윳다 22.94》5蘊이 世間이고 世間法이다.《쌍윳다 22.58》5蘊은 無常, 苦, 無我이다.

世間의 다름을 깨닫고,
無財七施를 行한다

내가 먼저 변해야 할 行爲는, 첫째는 가족 구성원의 世間이 어떻게 다른가를 깊이 깨닫는 것이며, 내 世間[잣대]대로만 三行[身口意]을 하지 않는 것이다. 둘째는 일타대종사의 저서《불자의 마음가짐과 수행법》에서 因緣業果의 業을 無財七施로 三行[身口意]을 하는 것이다.

일타대종사의 저서《불자의 마음가짐과 수행법(p. 86~87, 1999)》을 소개하면, ["因緣業果 : 이를 농사짓는 일에 비유해 보자. 인因은 씨앗이요, 연緣은 땅과 기후 등의 환경이며, 업業은 뿌린 씨앗이 결실을 볼 때까지 가꾸는 행위이다. 이렇게 인과 연과 업이 어떻게 모이느냐에 따라 수확의 과果를 거두게 된다. 씨가 좋고 환경이 좋고 농사를 잘 지었으면 수확이 좋기 마련이요, 나쁜 씨를 나쁜 밭에 뿌리고 가꾸는 일을 게을리하였다면 수확이 나쁜 것은 정한 이치이다. 심은 대로 거두고 지은 대로 받는 것이니, 이것이 바로 '그렇게 되게끔 되어 있는 법法'인 것이다. 우리의 삶 또한 이

법칙에서 조금도 벗어나지 않는다."]

　이 글을 읽으면서 먼저 아내와 애들에게 좋은 씨앗[三行]을 심어야겠다고 생각했다.

　그런데 어떤 좋은 씨앗을, 어떻게 심어야 하나 고민하다가,《雜寶藏經》의 無財七施(和顏施, 言施, 心施, 眼施, 身施, 座施, 察施)를 생각했다. 無財七施를 소개하면, [어떤 이가 부처님을 찾아와 호소를 하였습니다. "저는 하는 일마다 제대로 되는 일이 없으니 이 무슨 이유입니까?" "그것은 네가 남에게 베풀지 않았기 때문이다." "저는 아무것도 가진 게 없는 빈털터리입니다. 남에게 줄 것이 있어야 주지 뭘 준단 말입니까?" "그렇지 않느니라. 아무 재산이 없더라도 줄 수 있는 것은 일곱 가지나 있느니라."]

言施는
고 · 미 · 잘 · 알

　2016년, 가족에게 먼저 行한 것이, 無財七施 중, 和顏施, 眼施, 言施였다. 아내와 대화할 때는 "반드시 웃는 얼굴에, 호의를 담은 눈으로, 고운 말만 쓰기"로 마음먹었다. "어떤 경우에도 화禍를 내지 않고, 고함치지 않으리." 《잡아함 445》에서 "선한 마음을 행할 때에는 선계善界와 함께한다"는 말씀대로, 내 마음이 선善하면 연기법에 따라 아내 마음도 선善하게 변할 것이란 확신을 했다. 내가 아내에게 많이 사용했던 말은 "고·미·잘·알"이다. "고마워", "미안해", "잘했어", "알았어"였다. 멀었던 아내와의 거리감이 조금씩 좁혀지는 것을 느꼈다.

　마음 바꾸기 가장 어려웠던 것이 "돈" 문제였다. 결혼 초부터 월급을 아내에게 맡겼고, 10년째 받고 있는 연금도 아내에게 맡겼다. 돈은 생활의 수단일 뿐이지만, 미래를 위해 매달 조금씩 예금하면 좋으련만. 이 문제에 대한 견해 차이도, 두 사람이 성장할 때의 환경이 작용한 것 같다. 그래서 바꿨다. "현재의 환경이 아내가 받을 복이라면, 그 복을 어떻게 사용(짓든, 까먹든)하는가 하는 문제는 전적으로 아내의 몫"이라고 마음을 바꿨다. "내 복은 내가 짓고, 아끼면 되는걸" 하고 마음을 바꾸고 나니, 돈에 대해서 훨씬 자유로웠고 마음이 편안했다. 무엇을 구입했더라도 무조건 "잘했어"였다. 돈을 어디에 얼마나 사용했는지 묻지 않는다.

四煩惱를 滅하기 위해
有業報無作者를 思惟

　2017년 어느 날, 큰일도 아니었는데 화禍를 낸 적이 있었다. 즉시, 아내에게 사과는 했지만, 화를 내고 나니, 그동안 새벽에 기도하며 수행해 온 것이 한순간에 무너져 내리는 것 같아 괴로웠다. 아직도 나라고 하는 我相이 남아서 四煩惱(7識=我痴, 我見, 我慢, 我愛)가 발동한 것임을 알았다. 나라고 하는 5蘊[世間]의 참모습이

空임을 철저히 깨닫기 위해(四煩惱 멸하기 위해) 有業報無作者를 깊이 사유했다. 四煩惱를 減해야 하는 이유는, 世間에 영향을 미쳐 如實知見하지 못하기 때문이다. 唯識에서, 四煩惱는 몸과 마음이 위협받을 때 생긴다고 했다.

화목한
가족

요즈음, 아내의 심장 때문에 병원을 가지 않아도 되고, 재직 31년은 물론, 퇴임 후 10년째 하루 세 끼 꼬박꼬박 챙겨주는 아내가 너무 고맙다. 그 보답 차원으로, 6시에 출근하는 아들의 아침 밥상은 내가 챙긴다. 새벽 기도 때문에 일찍 일어나니까. 지금은 긴장하지 않는 아내와 애들의 얼굴을 보면서 행복하다. 내 몸과 마음도 편안하다. 애들이 나에게 먼저 말을 건넨다. 아내와 애들과 대화할 때는, 나를 완전히 배제한 채[無我]로 三行(身口意)을 한다.
부처님! 부처님의 가르침을 실천하여 가족의 화목을 이루게 되었음에 깊이 감사드립니다.

나의 영원한 지주이신 부처님

관음행 박지영

바라밀상

새벽 4시다. 오늘도 어김없이 울리는 핸드폰 알람 소리에 졸린 눈을 비비며 잠자리에서 일어났다. 조용히 밖으로 나와 서쪽 별을 가르며 부처님을 향해 차를 달렸다.

처음에는 남편 몰래 빠져나가려니 조심스럽고 귀찮고 선뜻 내키지 않았다. 그러나 함께 가는 도반이 있기에, 어쩔 수 없이 싫어도 가야만 했다.

하루, 이틀이 지나고 일주일이 지나고, 시간이 갈수록 억지로 끌리어서 간다고 생각했다. 그런데 언젠가부터 나도 모르게 스스로 행동으로 옮기고 있다. 나 자신과의 약속이며, 부처님께 한 약속이다. 힘들고 싫어도 가야만 했다. 이런저런 이유로 새벽기도를 다닌 것이 엊그제 같은데 벌써 1년이란 시간이 흘렀다. 짧은 1년 동안 나의 삶은 너무나 많은 변화가 있다. 마음이 긍정적으로 바뀌었고, 행동이 변하고 말하는 것이 변하고 내가 변하니, 아이들도 변했고 남편도 조금씩 변했다.

나의
유년 시절

여기서 잠깐! 나를 소개하자면 내가 자라온 고향은 강원도 영월이다. 평범한 시골 7남매 가운데 여섯째 딸로 태어났다. 옛날에 시골에서 여러 형제로 태어나면 어느 누가 귀하고 소중하지 않겠는가만 첫째는 처음이라 더 귀하게 여기고 막내는 막내라서 귀여움을 독차지하고 산다. 그러나 나는 첫째도 막내도 아니어서 누구하나 신경 써주지 않는다고 스스로 생각하면 살았다. 있는 것도 없는 것도 아닌 투명인간이라고 생각했다. 시골의 넉넉지 않은 살림살이에, 또한 아버지는 내가 초등학교 5학년 때 폐암으로 돌아가셨다. 그때 난 너무 어려서 철이 없었다. 지금 생각하니 어머니는 사랑하는 남편을 잃었으니 얼마나 힘드셨을까! 그러나 슬픔도 잊은 채 자식들을 생각하며, 생활 전선에 뛰어들어 하루하루 버티고 계셨다. 얼마나 힘드셨을까? 생각하니 가슴이 아리어 온다. 우리 7남매 먹여 살린다고 허리 한 번 편히 마음 놓고 펴보시지도 못하고 손에 물이 마르실 날이 없이 바쁘셨다. 그런데 난 아무도 날 알아주지 않는다고 떼쓰고 투정 부렸다. 철없던 그 시절이 너무 부끄러워 고개를 숙인다.

그 시절 누구나 형제들이 많은 가정에서 그러하듯이 나는 초등학교를 졸업하고 생활 전선에 뛰어들었다. 엄마를 돕겠다고 했지만 어린 나로서는 할 수 있는 일이 그리 많지 않았다. 초등학교 졸업으로는 변변한 곳에 취업할 수가 없었다. 낮에는 어머니를 도와서 농사일을 하고, 밤에는 항상 배움에 갈증을 느끼며 검정고시로 배움을 이어가며 미래를 꿈꾸었다. 그러나 주경야독이 쉽지 않았다. '남들보다 조금만 더 열심히 일하고 공부하면 언젠가는 행복하게 살 수 있을 거야.' 다짐하고 또 다짐하며 하루하루를 쪼개며 살았다. 그러나 배운 것 없고 가진 것 없는 나 자신이 초라하게 느껴졌다. 미래는 결정코 밝아 보이지 않았다. 하지만 그렇다고 실망하기엔 아직 한 가닥 희망도 있었다.

나는 인생 도피처로 결혼을 선택했다

그때 큰오빠의 소개로 지금의 남편을 만났고 1년의 만남을 인연으로 서둘러 결혼을 했다. 결혼을 결심하게 된 것은 가난에서 벗어나기 위한 일종의 도피처로 생각했기 때문이다. 그러나 내 나이 겨우 스물셋, 꽃다운 나이. 미래의 달콤한 사랑과 부귀를 꿈꾸며 한 남자의 아내가 되었다. 그러나 달콤한 사랑은 오래가지 못했다. 결혼생활은 생각대로 그리 순탄하지 않았다. 영월보다 더 깡촌인 하늘 아래 첫 동네였다. 산골짜기 층층시하! 시집살이를 만만하게 생각한 것이다. 시댁 식구들과의 어색한 관계와 가부장적이고 본인 위주로 자기만을 생각하며 남을 배려할 줄 모르는 남편, 사회생활 한답시고 밖으로만 나다니는 남편, 이곳에서도 나란 존재는 없었다. 내성적이고 소심하며, 남에게 피해 주기를 싫어하는 나의 성격 때문에, '남들하고 쉽게 친해지지 못한 내 탓이다'라고 스스로 위로해보기도 했다. '그래, 남편이 하자는 대로만 하면 가정이 편안하겠지.' 어린 마음에 순종하며 지냈다. 하지만 자기만을 알고 남을 전혀 배려할 줄 모르는 남편. 그런 남편을 타이르기는커녕 시어머니는 남자는 사회생활을 해야지, 하시며 집안일은 모두 나의 일이 되었다.

가사에 시달리다 보니 서로에게 상처를 주고 화가 나면 욕까지 하면서 혼자 밤마다 울고 또 울고 울었다. 이미 내 존재는 없어진 지 오래다. 나 좀 봐달라고 애원했지만 아무도 들은 척하지 않았다. 내가 이렇게 살려고 결혼했나 싶어서 후회했다. 그러나 아들이 둘이나 생겨서 이럴 수도 저럴 수도 없는 형편이었다. 새벽부터 밤 늦도록 일을 해도 일은 끝이 없었으며, 아이들을 돌보고 함께 놀아줄 여유가 없었다. 남편을 미워하는 마음 때문에 괜스레 아이들에게 소리 지르고 짜증을 냈다. 내 마음 나도 몰라서 힘들어하고, 극도로 스트레스를 받을 때면, 어느새 시어머니는 나의 동정을 살피시며 절에 같이 가자고 하셨다. 절에 같이 가는 것이 싫었지만, 그때는 내게 휴식처가 되었기에 따라나섰다. 부처님께 기도하면 조금은 마음의 안정을 찾을 수 있었다. 유일하게 의지하고 있는 것은 시어머니와 함께 절에 가서 부처님 뵙고 오는 것이었다.

시댁은 대대로 불교와 인연이 깊다. 어지신 어머니는 항상 내 편에서 '어린 네가 고생이 많다'고 하시며 다독여 주셨다. 식당 일이며, 청소도 말없이 도와주셨다. 어찌 보면 어머니도 외로운 분이셨다. 마음고생을 많이 하셨다. 아무리 힘들어도, 힘들다고 말씀을 안 하시는 분이셨다. 얼굴에 미소 지으시지만, '나 힘들다. 아가야' 하시는 것처럼 느껴졌다. 늘 당당해 보이시던 어머니! 그 어머니 모습에 어두운 그림자가 나타났다. 이러다가 내가 어머니 모습을 닮아가지나 않을까, 두려워졌다.

남편과의 갈등이 최고조에 달했을 때였다. 어머니께서 "얘, 아가야. 오늘은 절에 가서 스님한테 상담을 좀 해보거라. 힘든 결혼생활을 계속해야 하는지 아니면 이대로 이혼을 하든지 어떻게 하면 좋을지" 한번 알아보자고 하셨다. 어쩔 수 없이 나는 두 아이를 데리고 스님을 만나러 갔다. "인연이 다 되었다고 하면 이제 떠나거라" 하시었다. 내가 절에 가는 날이면 항상 나 혼자 무언의 전쟁을 치르는 날이다. 생각해보면 어머니는 나의 모습을 다 꿰뚫어 보고 계셨다.

내가 힘들고 주체할 수 없을 때마다 위로하신다고 데리고 가셨으니 참으로 현명하신 분이다.

늦은 저녁 시간에 절에 갔다. 스님은 반갑게 맞으시고, 의아해하면서 "왜요! 보살님? 무슨 문제가 있어요?" 하신다. 나는 말이 나오지 않아서 고개를 숙이고 앉아 있었다. 말없이 한참이 지나서야 "스님, 저 신랑이랑 이혼하고 싶어요!" "아들은 어쩌고요?" 할 말이 없었다. "아이들 키울 능력이 없어요. 그냥 두고요!" 스님은 한동안 말씀이 없으시다가, "아이들 전혀 생각하지 않으시네요. 보살님은요?"

스님은 말씀하셨다. "보살님은 어디 가서 무엇을 하시게요?" "돈 벌어야죠." "돈 벌어서 어디에 쓰시려고요?" "잘 살아야죠." "어떻게 사는 것이 잘사는 거죠?"

"보살님! 아이들 두고 다른 곳에 가서 돈 많이 벌고, 따뜻한 밥

먹고, 좋은 옷 입고, 돈 많은 남자 만나서 행복하게 살아도 절대로 행복하지 않으실 겁니다. 왜냐면! 항상 보살님 두 아들이 눈에서 아른거리며, 마음속에 큰 바윗덩이가 누르고 있을 테니까요. 그런데 어떻게 행복하시겠어요!"

사람들은 자기 인연 법은 생각하지 않고, 그 순간만 피하면 행복하리라 생각하는데 내가 과거에 만들어놓은 인연에 의해서 만나고 헤어지는 것이지 인연 없이는 만나지지 않는다고 하셨다.

"여기서 요행히 피해 간다고 해도 다시 또 그와 같은 인연은 만나게 되어 있어요. 피하려고 하지 마시고 대화로 해결해보세요. 헤어지는 것은 언제나 가능합니다. 만나면 헤어지는 것은 세상의 이치입니다. 그러나 우리가 만나는 것도 인연이며, 헤어지는 것도 인연이요. 다 때가 있습니다. 이왕이면 서로 좋아서 만났으면 헤어지는 것도 잘 헤어져야죠. 아이들 다 키워서 아들이 홀로서기 할 때까지 참고 기다려보는 것이 어떨까요? 보살님은 아직 얼마 살지도 않았고, 헤어지는 것은 쉬운 일이지만, 다시 아이들에게 돌아오기는 쉽지 않을 것입니다. 신중히 생각하고 또 생각해서 결정하세요! 남편한테서 나쁜 모습만 바라보고 살지 말고 좋은 모습도 한번 찾아보세요. 나에게 잘못은 없는지 잘 생각해보세요." 하시면서 숙제를 하나 주었다.

남편이 미운 이유 열 가지를 한 달 동안 노트에 매일 적어서 오라고 하셨다. '그래, 이왕 참았으니, 한 달 후에 결정 내리자' 하고 집으로 돌아왔다. 한 달 후면 이곳에서 벗어나리라고 생각하며 매일 열심히 써 내려갔다. 그러나 한 보름을 매일 쓰고 나니 남편만 잘못한 것이 아니라, 내가 잘못하고 있었다는 것이 더 크게 보였다. 과연 내가 잊고 있는 것은 무엇일까? 그렇다고 남편이 크게 잘못한 것이 있는 것도 아닌데, 그때 왜 그렇게 화가 났는지 모른다.

나는 그때서야 스님이 나에게 하시고자 했던 깊은 뜻을 알아차릴 수 있었다. 스님은 다시 나에게 "참회진언"을 매일 하라고 하셨다. 이렇게 해서 남편과의 갈등으로 많은 허송세월을 보내었다. 바보처럼 엄벙덤벙 살아온 시간을 후회했다.

두 번째 위기가
시작되었다

세월이 흘러, 하늘 아래 첫 동네라고 생각한 이곳에 새로운 바람이 불었다. 산 좋고 물 좋은 곳이라 사람들이 여유가 생기면서 이곳에도 펜션이 생기고 식당이 생기면서 관광단지로 변해 갔다. 우린 땅이 넓은지라 남편은 그곳에 집을 짓고 펜션과 식당을 시작했다. 허브 농장과 수목원처럼 나무를 심고 물을 이용해서 풀장을 만들어 기업 아닌 기업이 되었다. 이곳의 특성상 여름 한 철을 장사해서 일 년을 생활한다. 그렇게 처음 시작해서 몇 년 동안은 그런대로 장사도 잘되었다. 그러나 점점 외지인들이 많이 들어와서 노후에 살겠다고 별장을 짓고, 식당과 펜션은 점점 늘어나고, 더 좋게 더 편리하게 우후죽순처럼 늘어나는 건물들과 식당들, 그리고 여름 장마가 길어지면 태풍과 물난리를 겪어야만 했다. 태풍과 물난리로 새로이 손보지 않으면 장사를 할 수 없는 형편이었다. 그러나 자연적인 재난으로 인하여 대출을 내어서 다시 더 크게 늘려야 하고, 주말 영업을 하다 보니, 날씨가 좋지 않으면 자연히 예약은 취소되었다. 남편은 새로운 방법을 찾아서 밖으로만 돌고, 종업원 월급과 각종 세금 등 시댁과 두 집 생활비며 힘들었다. 또다시 위기가 온 것이다.

마음이 편치 않으니 손님이 와도 반갑지도 않고 짜증만 났다. 열심히 노력해도 가세는 점점 기울어지고, 경제는 좀처럼 회복될 기미가 보이지 않았다. 어느 순간 모든 것을 다 놓아버리고 싶다는 생각이 나의 뇌리를 주마등처럼 스쳤다. 어느 곳에도 마음 둘 곳이 없었다. 순간 아이들이 눈에 아른거린다. 바쁘다는 핑계로 아들과 제대로 놀아주지도 못하고~ 가슴을 억누르는 괴로움! 그 순간 폭포처럼 흐르는 눈물! 한참을 울었다. 그래, 나라도 정신 차려 아이를 지켜야지! 오직 가정을 지켜야 한다고 다짐했다.

남편은 다시 대지를 담보로 해서 대출을 받고 집 한 귀퉁이에 비닐하우스를 설치하고 허브 농장을 만들었다. 부채는 점점 눈덩이처럼 커지고 남편은 또 다른 방법으로 가게를 늘리기도 하고 꾸미기도 하는 과정이 반복되면서 가게가 좀 잘 되었다. 식당에 펜선에 허브 농장, 물놀이장과 평상 영업할 수 있는 여건을 다 갖추었다. 새벽부터 밤중까지 남들보다 두 배, 세 배로 억척같이 했다. 손님이 있으면 새벽같이 아이들을 깨워서 일손을 돕게 하고 인건비를 줄이기 위해 최소의 인원만 채용했다. 한참 동안 영업이 잘 되었다. 이 정도면 우리도 이제 한숨을 좀 돌리겠지! 일해도 힘들지 않고 재미있었다.

그러나 그 행복도 잠시뿐이었다. 장사가 좀 잘되니 이웃들의 시샘으로 인하여 불법 건축이라는 신고로 민원이 접수되었다. 본 건물에다가 허가 없이 조금 달아 낸 건물 때문에, 온전한 건물을 다 헐어야 하는 지경까지 왔다. 또 상수 보호 구역이라 영업을 할 수 없다고 했다. 20년 넘게 해오던 식당 건물도 펜션도 하루아침에 없어져 버렸다. 건축법 위반이라는 남편의 말에 나는 어안이 벙벙했다. 건축 허가대로 하지 않고 아주 조금 물렀다는 이유로 한 마디 상의도 없이 무조건 헐어야 한다고 통보해왔다. 살아오면서 정도 많이 들었고 추억도 많은 곳, 눈물도 많이 흘린 그곳. 이렇게 일 처리를 한 남편 얼굴이 보기 싫었다. 남편이 한없이 미워졌다. 가슴이 답답하고 막막해서 며칠을 꼼짝 못하고 누워 있었다. 이리저리 생각해봐도 도저히 남편을 용서할 수 없었다. 이 모든 것이 다 남편 때문이라고 생각했다. 이런저런 이유로 그해 시아버님은 돌아가셨고, 그 충격 때문에 쓰러지신 시어머니는 요양병원에 들어가셨다. 수술 후 한 달 만에 중환자실에서 깨어나셨으나 재활이 어려우셔서 요양병원에 모셔야만 했다. 걸음도 인지 능력도 불가능하다. 혼자서는 아무것도 하실 수 없다. '연로하신 어머니께서 얼마나 충격을 받으셨을까?' 생각하니 자식으로 가슴이 쓰리고 아려왔다. 오직 자식 잘되기를 부처님께 지극한 정성 들이셨다. 살아 계실 때 어렵다는 이유로 잘 모시지 못한 것이 죄송스러워진다.

지금은 코로나19로 인하여 영업을 하지 않는다. 사회적 거리 두기로 인하여 아예 영업을 시작할 엄두조차 내지 못하는 형편이다. 아예 인건비를 줄이기 위해 폐업한 상태다. 그러니 몸과 마음이 제정신이 아니다.

비단 나만이 겪어야 하는 고통이 아니라 나라 전체가 겪어야 하니 피할 수 없으니 이 기회에 부처님 공부하려고 한다.

시어머니는 내게 부처님과의 인연을 맺어주신 분이다. 부처님이 생각났다. 한참을 바쁘다는 핑계로 부처님을 멀리하고 살았다. 어렵고 힘들면 부처님을 찾게 된다. 시댁은 자칭 대대로 불자였다. 시어머니는 윗대 조상부터 불자라고 자랑하셨다.

스님께 전화를 드렸다. "스님, 의논 드릴 게 있어서 내일 찾아뵐까 하는데 시간 괜찮으세요?" "네! 보살님! 오시면 됩니다."

스님을 만나러 절엘 갔다. 스님은 내가 20년 전 시어머니와 함께 남편과 헤어지기 위해 상담하셨던 스님이다. 스님은 나를 기억하고 계셨다.

"스님, 저 요즘 한가하니 3000배를 하려고 하는데 어떻게 하면

됩니까?"

"보살님! 3000배 해보신 적 있으세요?"

"그냥 하면 안 되나요?"

"그건 아니지만, 보살님이 힘드시겠죠? 그럼 매일 새벽에 오셔서 108배부터 한 달 시작해 보고 다음에 3,000배 하시죠!"

스님은 절하는 방법부터 가르쳐주셨다. 바르지 않은 자세로 절을 하면 무릎과 허리에 무리가 간다면서 직접 가르쳐주셨다.

스님은 "보살님! 《천수경》은 외우세요? 《반야심경》 다 외우세요? 《화엄경 약찬게》 다 외우세요?" 물어보시는데 다 외울 수 있는 것이 하나도 없었다.

"보살님, 옛날에는 어머니들이 글을 몰라서, 그냥 절에 가서 스님께 우리 남편, 아들, 딸, 가족 잘되라고 불공해 달라고 했지만, 요즘은 한글로 되어 있는 경전이 많아서 불자들이 경전을 읽고 다 외울 수 있어야 합니다. 불교는 신앙이 아니라 신행입니다."

즉 신행이란? 내가 직접 기도하면서 마음과 행동으로 신·구·의 '삼업'을 참회하고, 선한 행동을 하며, 자기의 마음속 깊이 내재되어 있는 잘못된 습성 하나까지도 다 선한 인연으로 돌려 좋은 인연들이 생기게 하는 것이라고 했다. 부처님은, "모든 인연은 나로부터 하나의 연결고리로 되어 있는데, 좋은 인연도 내가 만든 것이요, 나쁜 인연도 내가 만들어놓은 것을 현재의 내게 다시 돌아오는 것이다. 스님들은 보살님들이 바르게 행동하고 착하게 살도록 길을 안내해 드리는 길잡이다"라고 하셨다.

"길은 가르쳐 줄 수 있지만 모든 것을 다 해결해 줄 수 없습니다. 그래도 한번 해보실래요?"

"네! 한번 해보겠습니다. 저는 그냥 절만 하면 되는 줄 알았어요."

"그럼 내일부터 새벽 4시까지 오세요."

다음 날부터 나는 새벽 예불에 참석했다.

"부처님께 예불하고 기도하면서 그동안 남편만 잘못하고 보살님이 잘못한 것은 없는지 곰곰이 한번 생각해보세요!"

예불이 끝나면 오직 나만을 위해서 스님이 《반야심경》을 매일 스파르타식으로 법문을 강의해주기 시작했다.

"이《반야심경》은 불자라면 누구나 다 암송하고, 모든 법회에서 가장 먼저 접하는 경이다. 이 정도는 불자라면 다 외워야 한다"로 시작해서, "마하반야바라밀다심경 관자재보살이 깊은 반야바라밀다를 행할 때 오온이 공한 것을 비추어 보고 온갖 고통에서 건넜느니라""사리자여, 모든 법은 공하여 나지도 않고 멸하지도 않으며, 더럽지도 깨끗하지도 않으며, 늘지도 줄지도 않느니라."

스님의 법문은 "마하반야바라밀다를 비추겠다는 마음을 발하는 것"이 불자로서 첫 출발이요, "마하반야바라밀다"를 성취하려고 정진하는 것이 불자가 이루는 구경이라고 하셨다. 참으로 어렵고 받아들이기가 힘들었다. "마하반야바라밀다", 이 단어의 뜻은, 입으로는 외우고 있지만, 이 속에 깃든 의미를 요약해서 이해하기까지는 어려웠다.

"마하반야바라밀다"란 의미는 넓고, 지혜로운 마음으로 살면서 '향상하다', '전진한다'는 뜻이다. 항상 넉넉한 마음으로 살면서 지금보다 한 시간 후가 더 낫고 오늘보다 내일이 낫고 올해보다 내년이 나아야 한다는 것을 나는 왜 조금 더 일찍이 알지 못했을까! 스님 말씀에 '난 참 어리석고 바보처럼 살았구나' 하는 생각에 가슴이 뭉클해졌다. 그동안 입으로는 줄줄 외우면서도 뜻을 새기며 독송하기는 쉽지 않다고 투덜대면, 스님은 "부처님 깨달으시고 45년 설법하신 가운데서 22년 동안이나 반야부 계통의 경전을 설법하셨는데 보살님이 그렇게 빨리 이해되면 내가 보살한테 설법할 이유가 없지" 하고 말씀하셨다.

'마하심'은 곧 대 우주법계에 충만한 생명의 본질을 체득하였을 때 저절로 나타나는 '근원적 예지'다. 즉 바꾸어 말하면 영원한 생명 속에 무한한 행복을 누리며 자유롭고 맑고 행복하게 살아갈 수 있게 하는 우리 인간의 본래 지혜가 '반야'라고 하셨다. 하지만 이 반야 또한 인간들이 상식적으로 생각하고 있는 지혜의 범주를 한 차원 넘어서고 있다고 했다. 비유하면 반야의 지혜는 해와 같으며, 《화엄경》에서 반야의 지혜는 마치 해가 솟아서 비치는 것 같은데 단지 나의 마음이 탐·진·치로 인하여 그 빛을 보지 못할 뿐이라고 하셨다. 그러나 그 햇빛의 혜택은 여전히 받는다. 나의 마음속에도 반야의 광명과 빛은 항상 비추고 있는데 믿음이 없고 부처님 참 진리를 제대로 이해하지 못하고 그릇된 방법으로 살아가기 때문에 스스로 내 마음에서 반짝이는 반야의 밝은 빛을 보지 못할 뿐이라고 하셨다.《반야심경》공부를 하면서 하나하나 알아가는 나 자신이 대견했다. 들뜬 마음들이 편안하고 행복해지며 궁금한 것이 생겼다.

그럼 우린 불교에서 말하는 이상의 세계 '바라밀다'인 피안에 도달할 수 있을까? 생로병사! 코로나로 인하여 온 우주가 다 고통으로 가득한 세상, 참지 않고서는 살아갈 수 없는 현실에서 평화로운 세상인 파라의 세계에 과연 도달할 수 있을까? 나는 파라를 완성할 수 있을까?

"바라밀다" 과연 우리 불자들과 수행하시는 스님들은 이상향인 피안의 세계를 무엇에 의해서 도달할 수 있단 말인가? 스님은 우리의 본래면목인 '마하'의 영원한 생명력과 반야의 대 지혜 광명을 회복해 가질 때, 우리의 눈앞에 파라의 세계가 펼쳐진다고 하셨다. 그럼 파라의 세계가 펼쳐진다면 '이렇게 의심하는 '나', 이 마음이 누구의 마음인가?' 여쭈니 이 또한 나의 마음이라신다. 그러나 이 마음은 좁디좁은 지금의 내 마음을 표현하는 것이 아니라, 반야심경에서 말하는 '마하심', 한없이 넓고 크고 수승한 공덕을 갖추고 있는 '마하'의 마음이기를 발원해 본다. 언제나 대 지혜의 광명을 발하고 있는 반야의 마음 말이다. 행복만이 가득한 바라밀다의 마음이다.

우리 모두 '본래 심'인 '마하심', '반야심'을 갖추고 있어서 본래가 마하요, 반야요, 지혜인 그 마음만 회복해서 가지면 저 언덕인 피안에 도달한다고 하셨다. 열심히 기도정진해 봐야겠다고 다짐했다.

또한 《반야심경》에서 오온이 공한 것을 비추어보라고 했는데, 오온이란 다섯 가지 요소 즉, 색·수·상·행·식으로 부처님께서는 이 다섯 가지 구성요소가 쌓이고 모여서 우리 주위의 모든 것이 형성된다는 것을 꿰뚫어 보셨다고 하셨다. 오온이 공함을 비추어보면 일체의 고액에서 벗어나 대 자유를 얻는다고 하셨다. 오온의 차원을 체험하려면 이 시간과 공간 속에서 모든 집착을 비워버리고 하는 일에 집중하면서 사사로운 감정을 품지 않고, 사전에 계획된 생각 없이 지금의 현실에 집중해야 한다고 하셨는데 쉽지가 않다.

나는 아직도 오온의 테두리 속에 날갯짓 하면서 살아가고 있다.

입으로는 '조견오온 개공으로 일체 고액을 벗어날 수 있다'고 하면서, 이론상으로는 알면서도 실제로는 오온공의 차원을 체험하려는 생각도 하지 못하고 있다. 세세생생 수많은 세월 동안 탐욕과 분노와 어리석음으로 수많은 번뇌에 사로잡혀 살아온 나인데 어찌 하루아침에 오온의 차원을 경험하고 체험할 수 있겠나! 오랜 훈습이 필요하다고 하셨다. 하지만 이번 생을 놓쳐서는 안된다고 하셨다. 이 생애 사람의 몸 받았고 불법 인연을 만났으니 바로 이 생애 향상의 길을 찾아봐야겠다고 생각해본다.

불교에서는 "일미"를 설명할 때 한 맛에 비유한다. 그래서 스님은 또 나의 이 변덕스럽고 복잡한 마음을 물에다 비유해 주기도 하셨다. 수많은 물이 흐르고 흘러서 바다에 이르면 한 맛이라고 하셨다. 수많은 강물과 개울 골짜기 물들이 있지만, 그 자체로는 물의 맛이 다르다고 하셨다. 그러나 그 강물과 골짜기 하천의 물들이 흐르고 흘러서 결국에는 바다에 이르게 되고, 바다에 이르게 되면 하나의 맛을 낸다고 했다. 물맛뿐만 아니라, 물마다 흐르는 양이 다르고 흘러가는 속도가 다르다. 그러나 바다에 이르면 모든 차별이 사라지고 그야말로 망망한 대해, 하나의 바다가 되는 것이다.

우리 또한 마찬가지다. 생활 속에서 불법 수행을 통해 꾸준히 관하고 나 자신을 선한 쪽으로 마음을 돌려 꾸준히 노력하면 마침내 내 마음도 바다와 같은 일미를 증득하게 된다고 하셨다. 바꾸어 말하면 번뇌 망상과 이기심 가득한 "나"가 아니라, 참되고 한결같은 마음으로 꾸준히 수행하고 정진하면 대 우주 법계의 일미를 체득할 수 있다고 하셨다.

마음먹기에 따라서 다르겠지만, 지금은 부처님 덕분에 참으로 행복한 나날을 보내고 있다. 예전 같으면 하루 가게 문 닫으면 영업 손실이 얼마인데 하며 직원들 월급, 각종 세금 등으로 괴로워하고 있을 나다. 부처님 가르침이 내 마음속 깊숙이 자리 잡고 있으니 아무것도 두려운 것이 없어졌다. 다시 한번 나를 돌아본다. 혹시나 나 자신이 잘못된 아집이나 착각으로 내 주변을 괴롭게 하지나 않는지, '나'스스로 삼악도의 삶을 살지는 않는지 돌아보게 된다. 예전에 바쁘고 귀찮다는 핑계로 손길 한번 주지 않고 무심코 지나쳐 버린 주변을 돌아보게 된다. 아름답게 흐르는 물소리, 바람 소리, 새소리, 이름 모를 예쁜 봄꽃들에게 미안한 생각이 든다.

외출하고 돌아오면 항상 전과는 달리 집주변을 정리 정돈하고 말끔히 치우면서 처처에 부처님 아니 계신 곳 없으시니, 도량이 청정하면 삼보천룡이 내리신다고 하셨다. 이곳도 법당이라고 생각하며 항상 좋은 생각과 좋은 말을 하고 감사한 마음으로 생활한다. 매사에 감사하며 부처님께 감사하고 스님께 감사하고 오늘도 살아서 숨 쉬고 있음에 감사하다.

내 주위의 모든 것이 다 소중하다. 소중하고 감사한 것들이 이렇게 많은데 비싼 수업료를 치르고 나서야 알아차리고 있다. 반평생을 살고 나서야 깨닫고 있다. 예쁘게 핀 꽃들이 나 여기 있으니좀 봐 달라고 아우성을 친다.

내게 지금 한 가지 원이 있다면, 나의 이 미혹함과 아직도 때때로 일어나는 번뇌를 다 벗어버리고 본래면목의 나를 찾아서 108 부처님 적멸보궁과 108 사찰 순례를 떠나고 싶다.

어차피 우리 인생이 불생불멸이라면 이생에서 할 일을 마치면 또다시 일진 법계로 돌아가는 것이다. 과거의 나의 업과 습기 지워버리고 새 옷으로 갈아입고 싶다. 코로나 19로 나라 전체가 힘들지만, 부처님 공부하며 그동안 하지 못한 경전 공부로 치유하니, 마음은 참으로 편안하다. 스님께서는 어차피 우리 힘으로는 해결할 수 없는 코로나19라고 하셨다.

이 기회에 우리는 부처님께 기도하고 공부하면서 스스로 치유하고 다른 사람도 함께 치유하도록 열심히 기도정진합시다.

금강경

송운 이석준

조계종단의 소의경전인《금강경》. 부처님의 가르침을 믿고 이해하며, 실천하고 깨달음을 얻고자 신행정진하는 불제자들에게 가장 대표적으로 알려져 있으면서도 어렵게만 느껴지는 경전입니다.

모든 분별심과 고정관념을 타파하라는 가르침인《금강경》. 아상, 인상, 중생상, 수자상을 떨쳐버리라는 가르침인《금강경》. 응무소주 이생기심. 이 사구게 한 구절이 육조 혜능대사의 출가 동기이기도 했으며 수많은 불교신자들의 가슴속에《금강경》을 아로새겨주고 있습니다.

20대 후반에《금강경》을 처음 접하고 30년이 흐른 지금,《금강경》은 저의 불자로서의 삶에 크나큰 영향을 주어왔습니다. 겉멋이 들어《금강경》을 법회에서 들을 때는 무엇인가를 알 것 같았지만 곧바로 일상의 즐거움에 빠져버렸던 20대. 결혼 후 직장생활과 어린 자식들 키우느라《금강경》을 잊고 살았던 30대. 생업과 자식들 교육에 어느 정도 안정을 이루고《금강경》을 다시 찾았던 40대. 수많은《금강경》해설서를 읽으며 기쁨과 환희심을 느끼고 있는 현재의 50대.

저는 5년 전 불제자로서 조계종 신도로서 소의경전인《금강경》을 암송하고자 발원하였습니다. 제1분 법회인유분부터 제5분 여

리실견분까지는 순조로운 출발이었습니다. 하지만 제6분 정신희유분부터는 앞의 암송한 부분들을 잊어버리면서 어려움을 겪기 시작했습니다. 외우고 잊어버리고, 또 외우고 또 잊어버리고……. 기억력과의 전쟁이요, 인내심과의 싸움이었습니다.

2주간 암송의 진도가 한 치도 나아가지 못하고 있을 즈음, 저의 마음속에서 포기를 하라는 유혹의 목소리가 들려오기 시작했습니다. '젊었던 20대 시절에도 외우지 못했던 《금강경》을 50대 중반인 지금 무슨 수로 암송할 수 있겠는가?' '꼭 암송하지 않아도 신행 생활하는데 아무런 문제가 없으니 이만 포기하고 편하게 《금강경》을 독송하면 되지 않는가?'

그런 고민과 번민을 하던 가운데 잠시 《부처님의 생애》를 읽다가 부처님 제자인 주리반특이 나오는 부분을 만날 수 있었습니다. 머리가 너무도 아둔하여 부처님 말씀을 전혀 알아듣지 못하는 주리반특에게 부처님께서는 오직 '먼지를 쓸고 닦으라'고 일러주셨고 이에 주리반특은 일념으로 이 한마디에 집중한 끝에 깨달음을 얻었다는 내용이었습니다. 이에 저도 용기를 얻고 다시금 《금강경》 암송을 시작하게 되었습니다.

6개월에 걸친 각고의 노력 끝에 《금강경》 32분 전체를 암송하게 되었을 때의 기쁨이란 이루 말로 다 표현할 수 없는 벅찬 감동이요, 환희심 그 자체였습니다.

제1분 법회인유분에서의, 부처님과 제자스님들의 장엄한 탁발 행렬과 위의에 찬 숭고한 모습. 제6분 정신희유분에서의 오랜 세월 부처님과 선근을 쌓은 불자가 바른 믿음을 갖게 되는 희유한 공덕. 제16분 능정업장분에서의 이 생에 다른 이들로부터 멸시와 고통을 받는 이유는 전생의 업장을 소멸하고 깨달음을 얻기 위한 과정이라는 것. 제32분 응화비진분에서의 조건으로 만들어진 모든 법은 허망하여 꿈과 같고 환영과 같고 물거품과 같고 그림자 같고 이슬 같고 번갯불 같으니 그 어떤 것에도 집착할 것이 없다는 가르침인《금강경》.

실로 삼천대천 세계를 칠보로 보시하더라도《금강경》사구게를 수지독송하여 위타인설한 공덕에 미치지 못한다는 그 깊은 의미를 되새기는 계기가 되었으며 또한《금강경》에서 수없이 등장하는 아상, 인상, 중생상, 수자상 등 이 4상을 버려야 한다고 누누이 강조하고 있음을 알게 되었습니다. 이들 가운데 중심이 되는 것이 아상으로서 '항상 내가 존재한다' '항상 내 것이다' '항상 내가 옳다'라는 고정된 관념을 갖게 하는 것입니다.

20대의 아들 둘을 둔 아버지로서 저는 이 '아상'을 버리지 못함으로써 큰아들과 수많은 갈등을 겪었습니다. 서울에서 대학을 다

넸던 저는 비록 지금 사는 곳이 농촌 지역이지만 큰아들이 고등학교를 수석 입학하여 마음속으로 '큰아들이 보란 듯이 서울의 명문대에 진학했으면'하는 기대를 가졌습니다. 하지만 저의 이런 일방적인 기대와 바람이 부담이 되었는지 큰아들은 점점 더 학업을 멀리하고 컴퓨터 게임에만 빠져 들었습니다.

큰아들 고등학교 재학 3년 동안 수없이 반복되는 저와 큰아들과의 언쟁과 갈등으로 인하여 집안 분위기는 마치 살얼음판을 걷는 것과 같았으며 여기에 아내와 작은아들까지도 이 분위기의 피해자가 되어 저희 집안은 하루도 편할 날이 없었습니다. 얼굴을 보아도 서로 말 한마디 없고 각 방의 문은 닫힌 채 분노와 침묵의 시간들이 흐르고 있었습니다.

그러던 가운데 큰아들은 지방의 국립대학에 입학하고 얼마 후에 군 입대를 하게 되었고 큰아들 군 복무기간 동안 저와 가족들은 서로에 대해 많은 생각을 하게 되었습니다.

'그래도 자식이 좋은 대학에 다녔으면……'
'그래도 좋은 대학 나와 안정된 직장에 다녔으면……'
'그래도 좋은 직장에 다녀 좋은 사람을 만났으면……'

부모라면 누구나 갖는 바람이지만 상대와 소통하지 않는 저만의 일반적인 사고와 대화 방식이 얼마나 서로를 힘들게 하고 가슴 아프게 했는지. 저는 저 자신을 돌아보고자 매일 아침 《금강경》3 독송을 시작하였습니다.

아상을 버려야 한다는 《금강경》의 소중한 구절들을 수지독송하면서 저의 마음은 평온을 찾기 시작했고 그동안 보고 듣지 못했던 가족들의 진심이 느껴지기 시작했습니다.

저의 아집을 만류하던 아내의 목소리가 들렸으며 수없이 저를 원망하고 있는 그대로의 자신을 인정해주길 바랐던 풀 죽은 큰아들의 모습이 보였습니다. 이 모든 갈등과 대립이 바로 저 자신의 아상과 아집에서 시작되었음을 절실히 느끼며 가족들의 의사를 존중하며 그들의 이야기에 귀를 기울이게 되었습니다.

'자신의 인생은 자신이 선택하게 하자.'
'자신이 선택한 인생은 자신이 책임지는 성숙한 모습을 기대해보자.'
'일반적인 대화가 아닌 상대방의 이야기에 귀를 기울여보자.'

그리하여 큰아들이 제대 후에 다니던 대학을 포기하고 컴퓨터 프로게이머의 길을 가고 싶다고 어렵게 말을 꺼냈을 때 저는 흔쾌히 이 요청을 들어주었습니다.

그 후로 3년. 큰아들은 비록 자신의 꿈을 이루지 못하였지만 지금은 사회복지사의 미래를 준비하며 누구보다도 성실하게 살아가고 있습니다. 큰아들의 이런 모습을 보면서 저는 다시금 저 자신과 저희 가족들에게 평온함과 행복을 찾아준《금강경》수지독송의 소중함을 깊이 깨닫고 있습니다.

그리고 매일 기계적으로 반복하던 생업의 일상이《금강경》을 수지독송함으로써 그동안의 단순함과 지루함에서 벗어나는 전환점이 되었습니다. 매일매일 재배되어 출하되는 콩나물을 기른 지 어느덧 30년이 되어가지만 그동안 하루하루 마지못해 생업을 이어가는 피곤한 나날들이었습니다.

그러나《금강경》을 매일 아침 3독씩 암송하게 되면서부터 저의 하루는 고단함에서 활기참으로, 피곤함에서 보람으로 바뀌기 시작했습니다. 하루의 시작이 무기력과 소극적이던 것이 의욕적이며 적극적으로 달라졌습니다. 비록 아내와 둘이 하는 소규모의 작업이지만 묵묵히 일에만 몰두하던 분위기에서《금강경》사구게를 함께 풀이하고 웃고 기뻐하는 시간들로 변화하고 있습니다.

저의 포교사 도반들이 비록 농담이지만 "《금강경》을 듣고 자란 콩나물을 드시는 소비자분들은 얼마나 좋으시겠냐" 하고 말씀하시는 것을 들으면서 저는《금강경》수지독송을 정말 소중하고 절실하게 해야겠다는 다짐을 해봅니다.

또한 불교신행단체 생활을 하며 구성원 서로 간에 수없이 갈등하고 비난하며 대립하는 일들을 보아왔습니다. 그 갈등과 대립의 원인은 상대를 인정하지 않고 상대의 이야기를 듣지 않으며 자신만의 견해나 주장을 일방적으로 전달하려는 자세에 있었습니다. 나와 너를 둘로 나누지 않고 모든 분별심을 버리고 동체대비의 마음으로 주위를 대할 때 비로소 이 세상은《금강경》의 정신으로 빛이 날 것입니다.

비록 공장의 규모는 크지 않지만 욕심을 버리고 작은 것에 만족하며 서로에 대한 신뢰를 바탕으로 성실히 살아가고자 노력하고 있는 우리 가족들을 보며 오늘도 기쁨과 보람으로《금강경》을 수지독송하고 있는 저는 불보살님의 가장 큰 지혜와 가피를 입은 불제자일 것입니다.

이제 이 생에서《금강경》10만 송의 발원을 합니다. 이제 세세생생《금강경》수지독송 위타인설의 발원을 해봅니다. 이 인연의 공덕으로 모든 중생이, 모든 생명이《금강경》의 참뜻을 깨달아 모두가 괴로움을 소멸하고 행복의 길로 함께 가기를 간절히 발원합니다.

'나무 마하 반야바라밀.'
'나무 마하 반야바라밀.'
'나무 마하 반야바라밀.'

원망은 한순간,
모든 것이 은혜라네

진효 이준호

일찍이 성철 스님께서는 《원각경》 말씀에 적힌 "저 원수를 보되 부모와 같이 섬겨라"라는 대목을 인용하여 "원수를 부처님과 같이 여겨라"라고 말씀하셨다. 나는 부처님 말씀과 정반대로 지난 10년 간 어머님을 원수와 같이 여겼다.

초등학교 2학년 때 부모님이 이혼하셔서 아버지 손에서 자랐다. 이혼 귀책 사유는 어머니에게 있었다. 어머니가 외간 남자와 간통을 저지르면서 그 남자의 아이를 낙태했으며, 또 이혼하고 한 번도 나를 찾아온 적이 없었기 때문이다. 그래서인지 나는 '질풍노도'라는 수식어로 설명하기 모자랄 정도로 사춘기를 정말 험난하게 보냈다. 중학생 때 왕따를 당하면서 학교생활에 적응하지 못했고, 우울증과 틱 장애를 앓게 되어 정신과 치료를 받아야만 했다.

나는 부모님의 이혼으로 인한 불안과 분노를 인터넷과 SNS에 탐닉하는 것으로 해소했다. 그러던 와중에 우연히 어느 사이트에 게재된 유머 게시글에 배경음악으로 《반야심경》이 삽입된 것을 듣고 '오, 교회 찬송가는 들어본 것 같은데 불경은 처음 들어보네. 신기하다'라고 생각하며 《천수경》, 《화엄경 약찬게》와 같은 스님들의 독경 음원 파일을 수집하기 시작했다.

나는 목탁 소리와 스님의 구성진 음률이 좋았다. 스님들의 독경을 듣다 보니 심신이 안정되었기에 중학교 3년 동안 불교에 대해 하나도 모른 상태로, 틈만 나면 이어폰을 귀에 꽂고 핸드폰으로 스님들의 독경 소리를 들으면서 나 스스로 '종교를 가지게 된다면 불교를 믿고 싶다'고 생각하게 됐다.

시간이 흘러 중학교를 졸업하고 내가 사는 전북 완주에서 멀리 떨어진 전북 전주 외곽의 천주교 미션스쿨에 입학하게 되었다. 나는 내가 다니는 학교가 정말 싫었다. 그래서 자칭 "불교 신자"라고 주장하면서 선생님께 반항을 저지르고, 신부님 앞에서 일부러 《반야심경》을 외웠었다. 지금 생각해보면 정말 무례한 행동이었다.

그러다 고등학교 2학년 무렵 윤리 시간에 짤막하게 불교를 배우게 되었는데 교과서에서 설명하는 것만으로는 뭔가 부족하다고 느껴졌다. 그래서 문득 이런 생각을 하게 됐다. '그동안 내가 불교 신자라고 남들 앞에서 떠벌려왔지만 정작 불교에 대해서 아는 것이 하나도 없는데 이참에 불교에 대해 제대로 공부해볼까?'

불교가 무엇인지 알기 위해 전주 시내의 헌책방에 들러서 《불교입문》이라고 써진 책을 사서 읽었다. 사성제, 팔정도와 같은 기초적인 교리를 개괄적으로 설명한 책이었다. 나는 이 책을 읽고 불교의 심오한 교리에 깊은 감명을 받아 대학에 들어가면 반드시 불교와 관련된 활동을 하리라 마음을 먹었다.

이후 고3 때 입시성적이 잘 나와서 전북대학교에 합격한 나는 전북대 근처의 사찰을 알아보던 도중, 전주고속터미널 근처에 '전북불교회관'이라는 도심 포교당이 있다는 것을 알게 되었다. 그때가 2019년 2월 무렵이었다. 그때 나는 처음으로 사시불공을 드렸다. 노보살님과 거사님들만 계신 법당에 젊은 청년이 찾아오니 많이들 반겨주셨다. 나는 그때 처음으로 가족 외에 다른 사람들로부터 혈육의 정을 느꼈다. 그 이후로 나는 매주 일요일만 되면 불교회관에 가서 예불을 드렸다.

　그렇게 시간이 지나고 2019년 12월 어느 일요일 새벽이었다. 나는 우연히 충격적인 사실을 알게 되었다. 이혼한 이후 한 번도 나를 찾지 않던 어머니가 다른 남자와 결혼해서 딸 둘을 낳고 살고 있다는 걸 등본을 떼다가 우연히 알게 된 것이다. 나는 곧장 흥신소에 연락해 어머니가 사는 곳을 찾아가려고 했다. 가서 "왜 나를 버렸냐"라고 따질 생각이었다. 칼을 들고 가려고 했었다. 그 자리에서 모든 걸 끝내고 나도 그 자리에서 끝낼 작정이었다. 그러기 전에 나는 부처님께 마지막 하직 인사를 드릴 참으로 평소 다니던 전북불교회관에 갔었다.

　하필 그날은 인근 전주혁신도시의 수현사에서 탱화 점안법회가 있는 날이라 나도 얼떨결에 보살님들과 같이 차를 타고 수현사로 가게 되었다. 그때 한 처사님께서 "노는 입에 염불한다고 우리 같이 신묘장구대다라니나 외우고 갑시다"라고 해서 차 안에서 다라니 소리가 계속 울렸다. 나도 보살님을 따라서 다라니를 외웠다. 그런데 대비주를 외우는 내내 눈물이 멈추지 않았다. 계속 억눌렸던 한이 한꺼번에 터진 것이었다. 수현사 법당에서 점안법회를 봉행하는 내내 눈물이 멈추지 않았다. 나는 울면서 부처님을 바라보았다. 그리고 속으로 이렇게 말했다. "부처님, 저는 도대체 어떻게 해야 할까요? 어머님을 뵙고 싶습니다. 어떻게 해야 할까요?"

　그때 놀라운 일이 일어났다. 내 마음속에 억눌려있던 분노와 응어리짐이 일순간에 사라진 것이었다. 그리고 눈물이 그치더니 일

순간에 평온해지면서 무언가 속삭이는 듯한 소리가 들렸다. "어머니를 찾아간다면, 네 배다른 동생들이 받을 충격은 생각해보았느냐? 그리고 그런다고 네 수자령 동생이 돌아오겠느냐?"

나는 놀랐다. 나를 엄하고 단호하게 꾸짖으면서도 부드러운 음성으로 내가 잘못 생각하고 있음을 정확히 지적하고 있었다. 그 말 덕분에 나는 어머니를 만난다고 해서 달라질 것은 없으며, 오히려 내가 더 괴로워진다는 것을 자각하게 되었다.

나는 그 말을 듣자마자 어머니를 위해서라도, 어머니의 배우자를 위해서라도, 제 배다른 동생을 위해서라도, 그리고 나와 아버지, 내 친동생을 위해서라도 어머니의 행복과 건강을 빌며 어머니를 잊기로 했다. 그리고 이 모든 실상이 내 마음 짓기에 일어났음을 깨닫게 된 것을 알게 되어 부처님과 관세음보살님께 감사하게 되었다. 법당에 들어왔을 때는 울면서 들어왔는데, 법당을 나갈 때 희미하게 미소를 지었다. 그때 이 모든 것이 다 부처님의 신묘한 가피력임을 알게 되었다. 나는 그 일이 있고 난 뒤 '죽을 뻔했던 몸이 부처님 덕분에 다시 살았다'라고 여기며 적극적으로 불교를 신행하게 되었다.

돌이켜 생각해보면, 어머니의 부재를 겪으면서 나는 감수성이 깊어졌고 학업에 열중할 수 있었다. 또 나에게는 아버지가 계시고, 내 사랑하는 동생이 있고, 그리고 스님과 부처님이 계신다. 나에겐 부처님이, 스님들과 관세음보살님이 어머니나 다를 바 없지 않은가? 어머니의 부재가 나를 성장케 했을 뿐만 아니라 부처님

법에 귀의케 했으니 나로서는 오히려 더 좋은 일 아니더냐?

내가 어머니를 용서하게 된 이야기를 주변 친구들에게 들려주었더니, 모두 한결같이 "왜 어머니를 용서하느냐? 나 같으면 결코 어머니를 용서하지 못했을 것이다"라고 말했다. 그러나 나는 그 친구들에게 이렇게 반문했다. "원망과 분노는 다시 또 원망과 분노를 낳는다. 그 원망과 분노를 끊는 것은 결국 내 몫이다"라고.

이 분노와 업보의 사슬은 내가 아니고서 누가 끊으랴? 만나지 못하는 어머니가 끊으랴? 결국은 내 몫이고 내가 지는 업이다. 어머니와 내가 모자간의 인연으로 만나게 된 것도, 모자간의 인연이 끊기게 된 것도 어떻게 보면 내가 알지 못하는 숙세의 업이 세세생생 이어져 지금과 같은 결과로 나오게 된 건지도 모른다. 그 업보를 끊는 것은 결국 내 몫이다. 그러니 내가 어머니에 대한 원망과 증오를 거두는 것은 어찌 보면 부처님 가르침을 따르는 것일지도 모른다. 이 업보를 내가 아니면 누가 끊으랴?

해가 지나 2020년이 되었다. 7월 22일은 내 생일인데 하필 그해 7월 22일이 음력으로 백중 초재와 겹쳐서 고등학생 때 돌아가신 친할머니 축원을 올리겠다고 아버지께 기도비를 빌려 불교회관에 가 할머니 이름으로 영단에 이름을 올렸다. 스님의 법고 치는 소리와 태징 두드리는 소리로 불공이 시작되었고, 나는 할머니보다도 나와 인연이 있는 다른 영가를 기리면서 생일날 사무치게 울었다.

고등학교 3학년 때, 친구가 수술 중 의료사고로 세상을 떠난 일이 있었다. SNS에서 알게 되어 실제로 얼굴도 보지 못했지만, 서로 대화가 잘 통해 대학에 들어가면 같이 만나서 밥이나 한 끼 먹자고 약속했었다. 친구가 세상을 뜬 날 문자메시지로 친구의 부고를 접했을 때, 나는 일주일 넘게 울기만 하고 수업도 제대로 들을수 없었다. 친구가 멀리 살고 있었고 문상도 받지 않기로 했기 때문에 매우 마음에 걸려 있었다. 게다가 무덤도 없이 화장하여 강가에 산골했다는 소식을 들었기에 더더욱 괴로웠었다.

나는 초재 내내 "나무아미타불"이 크게 울릴 때마다 계속 흐느꼈다. 불공이 끝날 무렵 스님께서 영가들과 유주 무주 고혼을 향해 법문을 읊어주셨는데, 놀랍게도 법문을 듣자마자 친구를 향한 집착과 그리움이 일시에 사라졌다. 스님께서 "영가시여, 사대육신은 모두 허망한 것이요, 나고 죽는 것은 세상 인연 따라 모이고 흩어지는 것이니 무엇을 그리 슬퍼하십니까?"라고 말씀하시자 나는 이 법문이 영가만을 위한 것이 아니라 남은 자들을 위한 부처님의 가르침이라고 생각하고 친구를 편히 보내주기로 마음먹었다.

내가 오히려 친구에 집착하고 그리워하는 마음을 가졌을 때, 친구는 오히려 천도되지 못할 것이다. 내가 이제 영가를 놓아주는 것이 친구를 위한 길임을 그때 알았다. 나는 불교 덕분에 어머니와 친구의 부재를 극복하고 성장할 수 있었다.

이렇듯 부처님 덕에 다시 살게 된 이 몸, 부처님의 가르침을 온누리에 전하는 데 힘쓰자고 생각하여 대불련에 가입하였다. 현재나는 대불련 전북지부장 소임을 맡으면서 청년불교의 부흥과 대학생 포교 전법을 위해 더욱 열정적으로 불교학생회 활동에 임하고 있다. 그리고 나 자신도 불교를 전하는 데에만 그치지 않고 일상 속에서 부처님 가르침을 실천하기 위해 봉사단체에 매달 천 원씩 정기후원을 하고 있고 틈틈이 시간이 날 때마다 관세음보살님을 염하면서 그분의 자비심을 닮아가려 노력하고 있다.

또 그만큼 내가 불교를 접하면서 얻은 기쁨과 행복을 가족들에게도 전하고 싶어 종교를 믿지 않는 동생을 설득해 대불련 여름 수련회에 데리고 갔고, 올해 초에 대학에 입학하자마자 조계종 신도등록과 동시에 대불련에 입부토록 해 불교에 입문케 하여 지금은 형제가 나란히 같이 절에 다니고 있다.

부처님, 저는 부처님 뵙기 전까진 제 삶엔 어둠과 불행밖에 없다고 생각했습니다. 하지만 부처님 법 알게 되고 나서는 그것은 내 마음작용일 뿐임을 알게 되었고, 사람과 세상에 감사하는 법을 알게 되었습니다. 부처님 법을 몰랐더라면 저는 제가 판 함정에 빠진 채 계속 나오지 못하고 세상을 원망하기만 했을 것입니다. 부처님, 감사합니다! 관세음보살님, 감사합니다!

위 없이 높고 깊고 미묘한 법
백천만 겁 지나도록 만나기 어려워라!
제가 이제 보고 듣고 받아 지니니
부처님의 진실한 법 알게 하소서!

나무 석가모니불, 나무 석가모니불, 나무 시아본사 석가모니불.

원망은 한순간, 모든 것이 은혜라네 195

處世不求無難
처세불구무난

世無難則驕奢必起
세무난즉교사필기

세상살이에 곤란함이 없기를 바라지 마라.

세상살이에 곤란함이 없으면

업신여기는 마음과 사치한 마음이 생기나니

성인이 말씀하시되 근심과 곤란으로써

세상을 살아가라 하셨느니라.

|

《보왕삼매론》

초보 불자의
굳은 다짐

조○○

저는 여주교도소에서 전체 형기 5년 중 2년여를 복역 중입니다. 이곳 교정시설에 입소해 있는 대부분의 사람들과 마찬가지로 구치소, 교도소 생활이 처음이라서 제대로 적응하며 생활할 수 있을지 의문이었는데 뜻밖의 행운을 접하여 지금은 편안한 마음으로 비교적 잘 지내고 있습니다. 그 행운은 바로 불교와 부처님을 접하게 된 것이었고 불교에 대해 조금씩 알아 갈 수 있는 것이었습니다.

　저는 모든 재판이 끝난 후 2020년 7월에 이곳 여주교도소로 이감해 온 후 공장 출역을 하고 있던 중에 우연히도 한 재소자로부터 종교 거실이 따로 운영되고 있다는 정보와 함께 불교 거실에서 생활하면서 불교와 부처님에 대해 배워보지 않겠느냐는 권유를 받았습니다.

　사실 교정 시설 입소 때 종교가 불교라고 적어냈지만 사회에 있을 때 어머니 또는 아내의 성화에 못 이겨 가끔 절에 방문했을 뿐 불자도 아니었고 불교에 대해서도 전혀 모르는 터라 망설이긴 했었는데 마음 한켠에 이 기회에 불교와 부처님에 대해서 공부하고 알아보는 것도 좋을 것 같다는 생각에 불교 거실로의 전방을 신청하였으며, 이후 불교를 담당하는 어윤식 주임님(혜도 법사님, 지금은 진급하여 계장님이 되셨다)을 만나게 되었고 면담을 거쳐서 2020년 10월에 지금 생활하고 있는 불교 거실로 들어오게 되었습니다.

　불교를 처음으로 가까이 접하다 보니 아침 예불, 저녁 예불이 생경했으며《반야심경》을 외우고 예불문을 외우느라 처음 일주일이 어떻게 흘러갔는지도 몰랐습니다. 하지만 매일 아침, 저녁으로 예불을 드리고 경전을 읽으면서 자연스럽게 암송할 수 있게 되었고, 불교 거실에 있는 불자들은 불교에 대한 기본적인 지식과 교리에 대해 공부하고 익혀야 한다는 혜도 법사님의 지도하에 《부처님의 생애》,《불교입문》,《불교이야기》 등의 서적을 읽고 시험을 치르기도 하였습니다.

처음에는 시험에 대비하느라 책을 읽고 중요한 부분은 별도로 노트하고 공부하기 시작했는데 시간이 지나면서 내용에 빠져들기 시작했고 그 덕분인지 조금씩 불교에 대해 알아가기 시작했으며 개인적인 착각일 수도 있지만 부처님 곁으로 점점 다가가고 있다는 느낌이 들어 마음이 평온해졌습니다.

불교에 대해 무지했던 제가 불과 6개월여 만에 아침 · 저녁 예불을 집전하고 서툴지만 목탁도 치고, 한글 · 한문 《반야심경》을 암송하고 경전 사경을 하고 108배까지 하고 있다는 게 신기할 따름이며 무엇보다도 매일 아침 기상하여 스스로 택한 염불을 외우면서 탐진치를 버리자고 스스로에게 다짐하고 또 다짐하는 저를 볼 때면 '사람이 이렇게도 많이 변할 수도 있구나' 하며 놀라기도 합니다. 이 모든 것이 혜도 법사님의 가르침이 있었기 때문이라고 생각하며 더 크게는 부처님의 자비와 가피가 있었기에 가능하지 않았나 생각합니다. 매일매일 감사한 마음으로 행복을 느끼며 생활하고 있습니다. 비록 제가 있는 이곳이 교도소이지만요.

"불교를 알리는 것이 불자들의 의무"라는 신행 모임 무설회의 이채순 회장님의 말씀이 떠오릅니다. 현재의 제 위치에서 더 많은 재소자들에게 불교와 부처님의 가르침을 전해야겠다는 다짐을 해봅니다. 다행히도 저는 불교 봉사원을 맡고 있어서 부지런히 알리고 전파할 수 있을 것 같습니다. 이렇게 글을 쓰다 보니 제 자신이 꽤 거창해진 듯 보일 수 있지만 아직 한참 부족한 초보 불자임에 불과한 자신을 잘 알기에 불교와 부처님에 대해 계속 공부하고 정진해야 한다는 것을 알고 있고 그렇게 할 것임을 다짐해봅니다.

그리고 한 가지 아쉬움이 있다면 이렇게 좋은 불교와 부처님과의 인연이 좀 더 일찍 맺어졌더라면 지금과 같은 영어의 몸이 되지는 않았을 것이라는 후회입니다.

눈으로 보고 입에 담기에도 거북스럽고 어려운 단어 '존속살해' 이것이 제 죄명입니다. 말뜻 그대로 자기 친부모를 살해했다는 죄명입니다. 이 죄명으로 5년 형을 선고받아 복역 중에 있습니다.

어디서 무엇이 잘못된 건지 모르지만 어머니와 동반자살을 결심하고 실행하여 어머님만 돌아가시고 저는 살아남아서인지도 모르겠습니다. 그 어떤 이유에서든지 제가 자살할 결심만 하지 않았다면 제 어머니는 살아계실 수 있었으니, 어머니가 돌아가신 것은 저 때문일 수도 있다고 생각하며 지금의 힘들고 어려운 교도소 생활을 견디고 있습니다.

제 어머니는 몸이 많이 아프셨습니다. 2014년 치질 관련 수술을 받으신 이후부터 매우 빈번한 용의 · 변의를 느끼시며 고통을 겪으셨습니다. 실제로는 소변과 대변이 나오지 않으나 나올 것 같다는 느낌의 강박을 가지셨는데 이로 인해 정상적인 일상생활이 어려웠으며 어머니의 그 고통이 얼마나 심했었는지는 상상조차 하지 못했습니다.

병원 진찰과 진단 결과 특별한 이상이 없다며 이뇨제와 변비약을 처방해주면서 좀 참고 견디라며 돌려보내기 일쑤였으며 유명하다는 수도권의 병원을 찾아가 진찰을 받아도 뾰족한 해결책을 찾지 못했습니다. 이에 누나와 저는 의사 선생님들의 조언대로 마음과 정신의 문제일 수 있겠다 싶어서 어머니를 달래가며 약물치료를 받게 했습니다. 그러던 중에도 어머니는 계속 극심한 통증을 호소하며 병원 응급실을 내 집 드나들듯이 하셨는데 급기야는 스스로 목숨을 저버리는 행동도 벌이셨습니다.

처음으로 수면제를 수십 알 드시고 자살 시도를 하셨을 땐 저희 남매도 난생처음 겪는 일이라 무척 당황하고 놀랐으며 다행히 목숨을 건져서 중환자실 병상에 누워계신 어머니를 보며 아무것도 해드릴 수 없음에 말없이 눈물을 흘리며 애를 태우기도 했습니다.

그런데 어머니의 병은 차도를 보이는 듯하다가도 어느 순간 더 악화되었고, 이런 과정을 되풀이하다가 자살 시도가 연례행사라도 된 듯, 어떤 때는 제초제를 드시고 또 어느 때는 저수지에 스스로 몸을 던지시는 등 수차례의 자살 시도를 하여 곁에서 지켜보던 저희 남매는 항상 가슴을 졸이며 살아야 했습니다. 특히 어머니 집 가까이에 살면서 어머니를 보살피던 누나는 더욱더 심했는데 누나의 전화가 걸려올 때면 '혹시 또 무슨 일이 벌어졌나?'라는 생각이 들 정도로 어머니의 병원 응급실행이 잦았습니다. 그러던 중 어머니는 마지막 소원이니 장루 수술을 받게 해달라고 했습니다. 저희 남매는 마음과 정신의 문제이니 그 방면의 치료를 받자고 했지만 어머니는 그런 저희들의 의견을 받아들이지 않으셨고 결국에는 2018년 12월 수술 일정으로 서울의 한 대학병원에 예약을 하게 됐습니다. 그런데 수술 예약일이 한 달 정도밖에 남지 않았는데 어머니는 다시 한번 자살 시도를 하셨으며, 담당 의사의 권유로 어머니는 폐쇄병동이 있는 정신병원에 입원하기에 이르게 됐습니다. 그러면서 장루 수술 예약은 자연스레 취소됐으며 제 마음 한구석에는 어머니가 정신병원에서 입원 치료를 받으시면서 조금이라도 차도가 있기를 바랐습니다. 하지만 불행하게도 그런 제 바람은 이뤄지지 않았습니다. 어머니는 정신병원 입원 중에도 의사, 간호사 선생님들을 붙잡고 죽을 정도로 아프니 수술을 꼭 받게 해달라고 고집을 피우셨으며 그 요구가 너무 강했던지 정신병원 의사 선생님도 어머니가 원하는 장루 수술을 한번 받게 해드리는 게 좋을 것 같다며 저희 남매에게 이야기할 정도였습니다. 하는 수 없이 취소했던 수술 예약을 급박한 사정을 호소해가며 다시 잡았으며 재예약된 수술일에 수술을 받았고 저희 남매는 차도가 있기를 바라며 회복을 기다렸습니다.

그러나 이번에도 저희의 바람은 이뤄지지 않았습니다. 어머니는 수술 이전과 같이 요의·변의를 동일하게 느끼시며 통증까지 호소하시기에 이르렀습니다. 그때는 정말 하늘이 무너지고 땅이 꺼지는 듯한 심정이었습니다. 어머니가 느끼시는 통증은 그대로 인데 살아가시는 내내 배변주머니를 옆구리에 차고 있어야 하는 현실을 받아들이기 힘들었습니다. 회복을 위해 병원에서 일주일을 보낸 뒤 더 이상 치료할 게 없다는 의사 선생님의 말과 함께 퇴원을 권유받아 퇴원을 하게 됐습니다.

이 기간은 너무나도 경황이 없던 터라 요양원이나 노인병원 등을 알아보지 못했기에 어머니가 지내실 만한 시설을 알아보기 전까지는 어머니 집에서 가까운 누나 집에서 모시기로 했는데 어머니는 누나 집에서 머무는 게 싫다고 한사코 당신 집에서 혼자 지내시기를 고집하며 계속 죽고 싶다는 말만 되뇌셨습니다.

같은 기간, 직장인이었던 저는 수년 동안 겪어왔던 회사 사장님과의 잦은 마찰과 불화로 정말 버티기 힘든 회사 생활을 해오고 있었습니다. 이 수기에 세세하게 설명하고 열거하기에는 적절하지 않을 듯하여 내용은 생략하겠습니다. 어느 가정의 가장이 그러하듯이 저도 가정을 위해, 가족을 위해, 회사 생활의 어려움을 참고 또 참으며 지내왔는데 이제 와 돌이켜보면 그 인내가 잘못된 것이었던 것 같습니다.

회사 창립 멤버로 창업 때부터 근무해왔다는 이유와 적지 않은 급여를 받고 있다는 이유 등으로 스스로를 위로해가며 회사를 계속 다녔습니다. 제 속은 썩어 곪아가는 것도 모른 채로요. 직장 생활이 힘들었기에 가정생활도 순탄치 못했는데 회사에서 안 좋은 일이 있는 날이면 집에 와서도 아내와 큰 소리로 다투는 일이 잦았습니다. 그때는 왜 불교를, 부처님을 모르고 살았을까요? 아직 인연이 닿지 않아서일까요? 회사 생활의 괴로움, 어머니 문제, 아내와의 불화, 아들의 비행까지 정말 숨 돌릴 틈도 없고 마음에 여유를 갖게 할 만한 그 무엇도 없었습니다. 이런 상황 속에서 병원 퇴원 당일날 어머니는 제 차 안에서 계속 살기 싫다, 죽고 싶다며 울부짖었으며 이에 저도 회사 생활의 괴로움과 어느 한군데 의지하거나 위로받을 곳이 없다고 생각한 나머지 돌이킬 수 없는 잘못을 결심하게 됐습니다.

어머니와의 동반자살을 결심하게 된 것입니다. 어머니는 처음에는 "너는 젊으니 더 살아야 하지 않겠느냐?" 하시다가 제가 계속 울면서 고집을 피우니까 "그래, 알았다. 그럼 같이 가자"고 하셨으며 결국 어머니 집에서 번개탄에 불을 지피는 정말 크나큰 잘못을 저지르게 되었습니다.

그런데 저만 살아남고 왜 어머니만 돌아가셨는지 모르겠습니다. 그리고 저만 살아남았다는 그 이유로 그 엄청난 죄명을 평생 짊어지고 살아가게 되었습니다. 난생처음 재판도 받고 교도소 생활도 하게 되었고요. 이것도 불교에서 말하는 인과 연 그리고 업일까요?

'불교를, 부처님을 미리 알았더라면, 그래서 제 마음을 조금 다스릴 수 있었다면 이런 비극은 맞이하지 않았을 텐데'라는 후회와 아쉬움만이 남으며 극락세계에서의 왕생을 부처님과 보살님들께 빌며 살아가겠다고 다짐을 합니다.

또한 제 아내와 자식들에게 지울 수 없는 상처를 남겼으며 생활고에 빠지게까지 하였기에 매일 반성하며 용서를 바랍니다. 출소 후 가족을 위해 헌신을 다할 것을 맹세합니다.

물론 범죄를 저지르지 않는 것은 두말할 것도 없습니다.

교도소 재소자 신분으로 매일 마음속에서 부처님을 만나 뵙고 있습니다. 부처님과 불교에 귀의하는 데도 신분과 주변 여건이 중요치 않다고 책을 통해 배웠습니다. 교도소인 이곳에서도, 또 사회로 복귀한 이후에라도 탐진치를 버리려는 마음을 유지하며 항상 부처님을 모시며 살아가겠습니다. 부처님, 감사합니다. 감사합니다. 감사합니다.

불교 봉사원을 맡으면서 여주교도소 330여 명의 불자님들께 불교 서적, 신문 등의 간행물을 배포하는 일을 하던 차에 2021년 4월 14일자《법보신문》을 통해 알게 된 내용입니다.

지난해 '연등회'가 유네스코 인류무형문화유산에 등재되며 세계적인 문화재로 인정받았다는 점과 지난해 연등회는 코로나19로 취소되었다는 것을요. 그나마 다행인 건가요? 올해의 연등회는 많이 축소되었지만 온라인으로나마 대체되어 진행된다고 하니까요. 2021년 봉축표어는 "희망과 치유의 연등을 밝힙니다"라고 합니다. 이 표어처럼 올해는 꼭 코로나19로부터 자유를 얻는 희망이 이루어지길 두 손 모아 간절히 바랍니다.

2020년 11월에 종교집회 이후로 코로나19 때문에 어떠한 종교

행사도 열리지 못하고 있습니다. 코로나19로부터 자유를 얻는 희망이 이루어져 여러 스님들을 모시고 설법도 듣고 배우며 교도소 내 불자님들도 자유롭게 만날 수 있는 종교집회가 속히 열리기를 기도합니다. 또한 현재 많은 분들의 법보시로 제가 불교 서적, 신문 등을 받아 읽을 수 있는 것처럼 저도 사회 복귀 후 마찬가지로 법보시를 하여 또 다른 불자님들에게 조금이라도 불교를 접할 수 있는 기회를 가지도록 하겠다는 다짐을 해봅니다. 초보 불자인 제가 성자의 4단계 중 첫 단계인 수다원의 경지에 이를 때까지 탐진치를 버리고 부처님의 가르침에 따라 열심히 정진하려 합니다. 세상 모든 분들이 언제나 건강하고 행복하며 부처님의 가피가 가득하기를 기도합니다.

ㅣ교정교화전법단 바라밀상ㅣ

오늘도
참회의 절 올립니다

박○○

저는 고향이 경남 통영 광도면 죽림리로, 아주 추운 어촌에서 3남 1녀 중 차남으로 태어났습니다. 1956년도에 태어나 아파서 언제 죽을지 몰라 1959년도에 호적에 올렸다고 합니다. 부친은 한국전쟁 때 남침한 인민군에 의해 어쩔 수 없이 부역자로 협조했고 인민군이 물러날 때 국군MP에 총살 직전 사상 전향해 국군에 입대하여 이등중사로 전역한 한국전쟁 참전용사입니다.

그렇지만 고향에서는 살 수 없어 부산으로 이사하게 됐고, 고향 논밭을 팔아 아버지는 부산에 두부 공장을 하다 사기를 당해 어쩔 수 없이 셋방을 전전하면서 어렵게 살았습니다. 저는 초등학교 3학년 때부터 신문 배달을, 먹고 살기 위해 새벽 4시 30분에 일어나 신문을 허리에 품고 15살이 될 때까지 아침 배달 일을 계속했습니다. 아이스크림 장사, 구두닦이, 신문팔이 등 돈을 벌 수 있다면 무엇이든 다했습니다. 그 와중에도 어머니는 저를 자주 절로 데려가 부처님께 공양을 올리면서 제가 잘되기를 기도했습니다.

만 18세 때 공수하사관을 지원해 8년간 군 생활을 하면서 없는 자의 설움, 배우지 못한 자의 아픔을 겪었고, 뜻하지 않은 사고로 불명예제대를 하면서 그때부터 제 인생의 죄를 짓기 시작했습니다. 인생의 무엇인가 허전함을 메우기 위해 많은 방황을 하면서 어느 날 제 인생의 전환점이 될 큰 사건을 맞이하게 됩니다. 2018년 11월 중순, 경남 김해 한림면으로 가던 중 갑자기 뛰어든 85세 할머니를 발견하지 못하고 교통사고 사망사고 후 도주하여, 창원

지법에서 징역 5년 형을 받았습니다. 창원교도소, 통영구치소, 대전교도소, 밀양구치소, 화성교도소까지 오면서 현실에 대한 부정, 내 자신에 대한 혼돈, 인생은 어디에서 어디까지 가야할 것인지…….

교도소에서 불교 집회에 참석해 찬불가를 부르면 제 가슴에 부처님을 향한 참회의 마음이 끓어오릅니다. 저의 무지와 경솔함에 눈물이 한없이 흘러내립니다. 창원교도소에서부터, 지나온 내 과거를 한 번 더 생각하면서 부처님 믿는 불자로 108배를 하면서 부처님의 참뜻을 깨우치며 지금껏 하루도 게으름 피우지 않고 108배를 이어오고 있습니다.

부처님의 큰 뜻을 헤아리기 위해 마음의 수행을 실천하면서 내려놓고 또 내려놓고 또 내려놓으면서 수행을 이어오고 있습니다. 한 많은 속세의 세상을 뒤돌아보면서 어느덧 제 나이 60 중반에 들어선 지금, 속죄를 하면서, 또 속죄를 하면서 마지막 남은 시간을 부처님의 가르침을 새기면서 하루하루를 수행하는 마음으로 생활하고 있습니다.

부처님의 의지가 없었다면 지금 여기까지 올 수 없었다고 생각합니다. 오늘도 아미타불을 마음에 새기면서 108배를 하고 참회와 현재에 대한 깨침으로 하루하루를 보내고 있습니다. 마음은 항상 부처님께 향하고 어떠한 마음으로 생활해야 할지 고민하고, 나는 어디서 왔고 어디로 가는지, 바람 부는 대로 욕심을 버리고 남은 생을 부처님께 속죄하면서 살고자 합니다.

내려놓을수록 마음은 편안해집니다. 솔선수범하면서 내 자신을 낮추고 조금 더 부처님께 다가가기 위해 마음의 보시를 실천하니 마음도 몸도 정화가 되고, 생기가 돌아 수형생활에 힘이 되고 있습니다.

징역 5년을 받아 이제 절반이 남았습니다. 머지않아 출소하는 날을 맞이하게 됩니다. 감옥에 있으나 사회에 있으나 변치 않은 마음으로 수행하는 자세로 살아가려고 노력하겠습니다. 과거에 저는 부처님 마음을 실천하기 위해서 대한적십자사 헌혈에 83회 동참해 2005년 유공자 표창을 받았습니다. 1993년에는 부산고신대학 고신복음병원에서 신장 기증을 실천했습니다. 2018년 할머니를 사망하게 한 저의 불찰을 이제 간 기증 실천으로 할머니에 대해 참회하고 부처님의 가르침을 실천하고자 합니다. 서울삼성병원 고광철 교수님과의 인연으로 출소 후 간 기증 보시로 한 생명을 살리는 일을 준비하고 있습니다.

108배를 하루도 빠짐없이 실천해 건강하게 출소해 부처님과의 약속을 꼭 지키고자 합니다. 오늘도 새벽 4시에 기상해 나무아미타불을 염송하고, 108배를 실천하면서 몸과 마음을 맑힙니다. 참회의 108배로 저의 잘못을 일깨워주신 부처님께 귀의하며 매 순간 불자로 살아가기 위해 열심히 정진하겠습니다.

내 안의 불성

김○○

교정교화전법단 바라밀상

불행은 파도와 같이 연속해서 나에게 업보를 몰고 왔다. 어머님이 돌아가시고 49재를 마치자마자 오래전 과오로 진행 중이었던 재판에서 1심의 결과를 뒤집고 실형을 선고받았다. 어머님을 여읜 상실감과 슬픔과 고통을 추스르지 못한 채, 현세의 지옥이라 불리는 교도소의 담장 안으로 밀려왔다.

서울구치소로 구속돼 수감생활을 시작하며 낯선 환경과 자유가 제한된 생활과 더불어 모든 것을 자포자기하며 상고 또한 포기하고, 이 세상의 모든 불행과 아픔이 나의 것인 양 부정적인 사고와 언행을 하며 지냈다. 이 시기의 부처님 법을 모르고 지냈을 때의 나는 어떠한 의지조차 없이 나의 정신을 스스로 죽이며 지냈었다.

이런 나를 걱정한 가족들과 지인들이 바쁜 사회생활에서도 접견을 와서 나를 위로하고 격려하긴 했지만, 범죄자 낙인이 찍힌 나는 피해자에 대한 죄책감과 앞으로 수형자 가족이라는 이유로 비난받고 힘든 시간을 보낼 가족들을 생각하면 고개를 들 수 없었다. 나로 인해 벌어진 모든 죄악이 비수가 되어 심신을 상하게 하였고, 이 당시의 나는 미래라는 것을 생각조차 할 수 없는 영겁의 나락 속에 있는 나날들이었다.

그러던 2019년도 12월의 어느 날, 그해의 마지막 법회가 열린다는 소식에 여지껏 어머니와 할머니를 따라 초파일에만 절에 다니던 초파일 불자에 불과했던 내가, 스스로 종교집회에서 불교를 선택했다. 처음으로 법회에 간 날, 그곳에서 막연히 불교를 믿어

온 집안이라는 것만 알았지 '나' 또한 불자라는 생각을 해본 적이 없었던 내가 내 안의 불성을 직시하고 찾기 시작하는 걸음마를 떼게 되었다. 자연스러운 이끌림에 도착한 서울구치소 법회당에서 수백의 수용자들이 부르는 찬불가와 스님의 법문 소리에 점차 마음속 파문이 가라앉음을 느끼게 됐고, 자연스럽게 평안을 찾았다. 법회가 끝나가면서 왠지 모를 아쉬움이 가슴을 절절하게 만들었고 염불 소리에 돌아가신 어머님이 생각나서 나도 모르게 주체할 수 없는 눈물을 흘리며 그동안 억눌려온 가슴이 뻥 뚫리는 시원함을 느꼈다. 지금 생각해보면 삶 속으로 부처님이 들어온 기쁨의 눈물이자 참회의 눈물이었다.

이날 이후 불교 공부에 욕심이 났다. 용기를 내서 평소 소원했던 큰형수님에게 도움을 요청하고 교도소에 들어오는 《법보신문》을 비롯한 여러 불교 신문과 여러 사찰에서 보내주시는 간행물도 탐독하며 지냈다. '불행을 원하지 않으면서도 나 스스로 마음속에서 불행을 만들어 내고 불행이 나 자신에게서 비롯된다는 것을 모른 채' 타인을 원망하고 사회를 탓해왔던 나에게 크나큰 일침이 되었고, 이 가르침들이 담긴 불서와 불경을 통해 부처님의 가르침에 매료되어갔다. 그리고 공부를 하며 수행하고 알아갈수록 불교가 좋았다.

새해가 찾아오고 안양교도소로 이감이 되었고, 이곳에서 '간병'으로 출역을 나가게 되었다. 병동에서 지내며 다시금 법회에 참가

하길 고대하며 지냈지만 갑작스러운 코로나19 사태로 인해 소망은 이루지 못했다. 그러다 보니 배움의 갈망은 더욱더 커졌고 형수님의 도움으로 《금강경》 사경을 시작하게 되었다. 책 서문에 적힌 방법을 따라 하며 한 회, 한 회, 지극한 마음으로 사경을 하다 보니 어느덧 한 권을 마치고 세 권이 넘어갈 즈음 《천수경》과 《아미타경》도 사경하고 독송하는 나를 발견했다.

공부를 이어가는 나날들이 이어지면서 오래전부터 내 마음속 깊은 곳에 무엇인가 채워지지 않는 것 같은 허전함과 목마름이 해소되며 차츰차츰 마음도 안정되어 갔고, 교정 생활도 긍정적으로 임하게 되었다. 이곳 환경의 특성상 대다수가 이곳에서 처음의 나와 같이 모나고 날카롭고 여유가 없는 사람들이 많기에 지내다 보면 화도 나고 미운 사람도 많았었지만 수행을 하면서 많이 달라지게 되었다. 지금은 화나는 마음도 알아차리게 되어 참을 줄도 알고, 미운 사람이 안쓰럽게 느껴지기도 하고, 상대방의 입장에서도 한 번씩 생각하는 여유를 가지게 되었다. 나는 이 모두가 부처님 덕분이라 느낀다.

평화로운 나날들이 이어지는 생활 속에서 새로운 교도소인 강원북부교도소가 생긴다는 방송을 들었다. 코로나로 제약이 많은 수도권을 벗어나 강원도 속초로 가게 된다면 이곳 안양과 달리 집회도 열리고 불교 거실에서 여럿이서 함께 공부하고, 아침저녁으로 예불하며 들리는 목탁 소리를 부러워하기만 했던 것에서 벗어나 나도 참여하고 싶은 꿈을 가지고 지원을 했다. 그리고 작년 여름 이곳으로 이송을 오게 되었다.

하지만 코로나는 전국을 휩쓸었고 나의 불교 거실의 꿈은 물거품이 되었다. 그렇지만 새로운 환경과 사람들 속에서 즐거움을 찾아가며 긍정적으로 지내면서 단 하루도 사경과 독송을 게을리하지 않고 지내며 발원문을 써보기도 하고 《법보신문》에 나온 스님들의 법문을 스크랩하고 《반야심경》을 암송하기도 하며 훗날 법회를 주도적으로 이끌어 진행해보고자 준비하고 더 많이 공부하는 값진 시간들을 보냈었다.

그러던 중 불법을 닦으며 정진하던 나는 드디어 고대하던 강원북부교도소의 첫 법회를 2020년 10월 29일 원각사에서 오신 구담 스님의 주도 아래 일생에서 정말 흔치 않은 기회인 부처님을 모셔오는 점안식에 참여하게 되는 영광을 누리게 되었다. 이를 계기로 앞으로 더욱더 정진하고 좀 더 깊이 있는 공부와 내가 누린 가피의 경험을 나누고 싶다는 마음이 들었고, 내가 힘들어할 당시 나를 물심양면 도와주셨던 형수님처럼 나도 누군가에게 전법을 통해 부처님 법을 알려주고 싶다는 구체적인 계획도 세우게 되었다. 우선 주변에서 힘들어하는 수용자에게 조금씩 도움의 손길을 내밀어 이끌어 가는 것으로 시작했다. 나 또한 자연스러운 이끌림에 스스로 공부하다 보니 내가 바뀌고, 내가 바뀌니 주변 사람들이 바뀌는 것을 체감했기에 주변에서 경계하고 의심하는 미래의 도반님들께 자신 있게 말하곤 한다.

"부처님 가피는 반드시 있다. 그러니 같이 경전 공부하고 기도 수행하며 부처님을 믿어보자고."

*

이승에서 지옥이라 불리는 교도소에서 운명처럼 부처님을 만나 저 자신을 돌아보게 하셨고, 내 안에 있는 불성을 보게 되었습니다. 부처님 법은 멀리 있지 않았고, 부처님 말씀 또한 생활 속에 있습니다. 제가 하는 바른 생활이 팔정도가 아닌가 생각합니다. 육신은 교도소에 있다고 비관하지 않고 가까이 있는 수용자들 직원분들을 부처님으로 보고 모두와 잘 지내면 이곳이 불국토라 느낍니다. 이렇게 불자로서의 삶이 축적되면서 매일매일 밝아짐을 느끼며 기도드립니다. '삿된 도를 좇지 않고 제 자신을 잘 닦아서 주변에 밝고 선한 에너지를 나누어 줄 수 있는 그런 사람이 되게 해 달라'고 합장 발원합니다.

— 교정교화전법단 바라밀상 —

보왕삼매론

이○○

가끔은 지난날을 돌이켜 생각해 볼 때가 있다. 물론 좋은 일도, 기쁜 일도 안 좋았던 일도 다반사였다. 그러나 나는 그러한 일련의 상황을 깊이 생각 못 하고 그냥 그러려니 하면서 무심코 넘기며 살아온 것 같다. '왜 그때는 이러한 것을 깨닫지 못했을까? 그때 알았더라면' 하는 생각도 든다. 그러면서 '사람이니깐 그렇지' 하며 나를 위안해본다. 아직도 많은 시간들이 남아 있지만 잘못하였으니 대가를 받는 것이라 인과자책하며 오늘도 감사하는 마음으로 숨 쉬며 살아가고 있다.

나는 지난해 《법보신문》에서 '제7회 대한불교조계종 신행수기' 수상 작품을 읽었었다. 수상 작품을 읽으면서 감동도 받으며 아픈 마음을 달래기도 했다. 세상은 공평하다. 모두에게 기회는 똑같이 열려 있는데 수용자들에게는 어쩜 그렇게 불공평한지……. 하는 일마다 액이 끼어 있는 것처럼 기가 막힌다. 여기서 지내다 보면 수용자들도 대부분 선한 사람들이다. 세상을 떠들썩하게 만들었던 분들도 어찌 보면 선하게 살아왔던 분들인데 세상에서 버림받고 믿었던 사람에게 배신을 당하고 아무도 자신을 믿어주는 사람이 없으며 기댈 언덕이 그 어디에도 없게 되자 돌변한 경우가 많지 않나 생각해보게 된다. 계속 읽어 내려가면서 희망의 다짐을 다져보기도 했다. 그러면서 자신과 약속을 했었다, 내년에는 나도 신행수기 꼭 써보겠노라고. 그러던 어느 날 교화방송 스피커에서 부처님오신날을 맞아 대한불교조계종에서 제8회 신행수기 공모를 개최한다는 소식을 듣고 배움도 적고, 글재주도 없지만 나의 신행수기를 적어 내려간다.

나는 전라북도 고창에서 부모님 슬하에 2남 3녀 중 막내로 태어나 부모님과 누나들의 사랑을 독차지하다시피 하며 성장한 탓에 한 번도 문제를 일으키거나 어긋나지 않고서 평범한 성장기를 보냈다. 아버님은 내가 13살 때 폐암으로 돌아가셨다. 아버님이 돌아가시기 전, 빚으로 2억 정도의 큰돈을 갚지 못하여 집과 땅이 경매로 넘어가면서 힘든 생활 속에서 살아야 했다. 나는 인부 알선과 농사일을 밤낮으로 하면서 어느 정도 안정된 생활을 찾게 되었고, 아버지의 빚도 갚아나갔다. 이렇게 7년이라는 시간 동안 앞만 보고 열심을 다해 집과 자그마한 땅도 갖게 되었다. 몸은 지치고 힘들었지만 곁엔 사랑스러운 가족이 있어 보람된 하루하루에 행복했다. 하지만 형이 형수와 헤어져 3살, 5살, 두 조카를 떠안게 됐다. 이혼한 형은 매일 술에 의지하면서 살다가 끝내 알코올중독으로 알콜재활병원에 입·퇴원을 반복했다. 무책임한 형이 원망스럽고, 싫고, 미웠다. 그로 인해 아내와 다툼도 많아졌다. 인생에 굴곡이 있다는 것을 잠시 잊고 살았나 보다.

어느 날 잘못된 선택으로 씻을 수 없는 죄를 짓게 되어 징역 15년을 받게 되었다. 나로 인해 집안이 쑥대밭, 풍비박산이 나고 가족들에게 가족이라는 명분 안에서 씻을 수 없는 마음의 상처를 주었다. 깡통을 차고 빌어먹어도 감옥만은 가지 말라고 늘 자식들한테 일깨워주신 어머니의 교훈이 오늘 유난히 더 사무친다. 다혈질

성격으로 자유가 없는 세상을 처음 접하게 되면서 세상 밖에서 자주 불러주던 내 이름 석 자 대신 번호로 불리는 수인의 신세가 된 지 벌써 9년이 다 되어간다. 처음에는 자포자기 생각에만 빠져 하루하루를 보냈다.

영어의 몸이 되고 나서 한동안 마음을 잡지 못하고 모든 것을 포기하고 지내면서 나는 이곳의 삶에 스며들기 시작했다. 물론 지금도 내가 지은 죄를 생각하면 이렇게 내가 삶을 유지하는 것 자체가 파렴치한 것은 아닌지 하는 생각이 드는 것도 사실이다. 재판 과정에서도 조서를 꾸밀 때도 흐리멍덩한 표정으로 어떤 물음에도 이래도 되고 저래도 되는 등 대답하며 죽음이란 단어를 은연중에 흘려서인지 관심 대상자가 되어 있었다. 보통의 경우 여러 명과 함께 지내는 혼거 방으로 배방이 되는데 나는 감시카메라가 있는 독방에 수용되었다. 계속되는 죄책감에 나는 "죽자!", 현실을 적시한 내가 내린 결론은 "죽자"였다. 가족들은 물론이고 다른 사람들에게 해를 끼칠 바에는 이 세상에서 없어지는 게 낫다고 여겼다. 그렇게 지내고 있던 도중에 연로하신 노모가 편찮은데도 불구하고, 이 죄인을 그래도 아들이라고 면회 오셨는데 가슴이 찢어지듯 아파오기도 했었다. 아내는 당당한 말투로 아이들과 조카들 걱정은 1도 하지 말라고 하면서 잘 키우고 있을 테니 당신은 첫값 다 받고 건강 챙기며 떳떳한 모습으로 다시 가정으로 돌아와 달라고 했던 말에 어머님과 아내 얼굴을 볼 수가 없었다. 미안한 마음이 가득했다. 두 자식에 두 조카까지 도맡아 키우는 아내를 보니 내 자신이 더 초라하고 쥐구멍이라도 있으면 숨을 생각밖에 들지 않았다.

육체적으로나 정신적으로 너무 힘들어서 나쁜 생각을 한 적도 있었으나 지금 생각해보면 그럴 때마다 힘을 낼 수 있었던 건 어머님과 아내와 자식, 조카들이 있었기에 견뎌내지 않았나 생각된다.

나는 종교라는 걸 가져본 적이 없다. "신은 존재하지도 않고 만약 존재했었더라도 이미 죽었다"라는 유명한 철학자의 말을 생각하며 고개를 끄덕이곤 했다. 나는 성악설을 지지하며 신 같은 건 나약하고 무지한 인간들이 의지하고 기댈 무언가가 필요해서 만들어낸 상상의 산물이라 여겼다.

그러던 어느 날 우연히 보게 된《보왕삼매론》책을 읽고 마음에 큰 변화가 생겼고 시간만 되면 수십 번, 수백 번씩 계속 읽었다. 마음이 편해지고 묘한 감정을 받았다.

언제까지 나 자신을 방치해야 하나 싶은 생각에 정신을 차리기 시작했다.

어느 정도 시간이 흘러 감시카메라 방에서 여러 명과 함께 지내는 혼거방으로 전방을 갔다. 하루 종일 앉아서 지내야 하는 좁은 방. 5평 채 되지 않은 곳에서 12명이 지내는 하루는 긴 시간을 남겼다. 성질이 불같은 나는 다른 동료를 향한 불만을 그의 면전에 쏟아내기까지 했다. 그랬더니 속이 다 시원했다.

그러나 화를 분출한 빈자리에 후회가 금세 차올랐다. 조그마한 창문에 '내가 너무'라고 썼다가 지웠다. '미안해'라고 썼다가 또 지웠다. '나 때문에'라고 썼다가 다시 지우기를 반복했다. 그렇게 한참을 망설인 끝에 상대에게 미안하다고 전했다. 상대는 놀란 눈으로 나를 멍하니 쳐다보다가 "괜찮아요. 지내다 보면 그럴 수 있죠. 저도 잘못했어요. 앞으로 잘 지내도록 합시다" 하는 말이 끝나기 무섭게 내려 깐 눈에서 눈물이 찔끔 흘러내렸다.

장애를 극복한다는 《보왕삼매론》 때문일까. 나는 평생 살아오면서 누구에게 먼저 사과를 해보지 못했었다. 매일 《보왕삼매론》을 읽어서일까.

정말 마음이 편해지고 나를 내려놓고 상대를 이해하고 배려심이 생겨난 것 같다. 그 후로 목공장으로 출역하여 일을 하면서 지루했던 하루를 벗어난 듯했다.

무교였던 나는 불교에 관해 더 알고 싶은 마음에 불교방을 신청해서 2014~2021년 현재까지 8년째 지내고 있다. 처음에는 모든 게 어리둥절하고, 마음을 다스리는 수행 기간은 허다한 망상과 공상들로 가득하여 한 걸음 나아가기가 왜 그리도 어려웠는지. 그땐 그랬다. 불교방에 입문하면 108배는 3개월 동안 의무적으로 해야 한다고 해서 108배를 시작했다. 기도문을 외면 더욱 좋다기에 "나만이 옳다는 생각을 버리겠습니다" 거듭 읊조리며 정성을 다했으나 절이 끝나갈 무렵이면 넋이 빠져서는 "엉덩이라도 탱탱해져라!" 따위의 헛소리를 되는 대로 지껄이곤 했다. 그렇게 한 달 이상 108배를 했지만 불량한 기도문을 외운 탓인지 효험은 나타나지 않았다. 시간이 어느 정도 지나 108배를 하는데 뭔가 모를 뭉

클함이 몰려왔고, 감정이 북받쳤다. 108배 덕분에 흘린 참회의 눈물인지 알 수는 없었다. 저만치 내려가 있던 엉덩이가 반복적인 굴신 운동을 통해 살짝이나마 올라붙은 모습을 보아하니 내 마음도 몸을 따라 조금이나마 변화하지 않았을까 싶은 것이다. 잘못했으니 눈부터 내리깔고 고개를 숙인 다음 허리를 굽혀 사과하는데 그걸로 부족하다 싶으면 무릎을 꿇고 이마를 땅에 대며 용서를 구하지 않는가. 억지로라도 몸을 굽히면 마음도 따라 굽혀질 터이니 지금 생각하면 스님께서는 그래서 절을 해보라고 했을 것이다.

나는 매일 《보왕삼매론》을 사경하면서 하루를 보내고 있다.

《보왕삼매론》에서 부처님께서 말씀하시되 "①병고로써 양약을 삼으라. ②근심과 곤란으로써 세상을 살아가라. ③장애 속에서 해탈을 얻으라. ④모든 장애로써 수행을 도와주는 벗을 삼으라. ⑤여러 겁을 겪어서 일을 성취하라. ⑥순결로써 사귐을 길게 하라. ⑦내 뜻에 맞지 않는 사람들과 더불어 살라. ⑧덕 베푼 것을 헌신처럼 버리라. ⑨적은 이익으로써 부자가 되라. ⑩억울함을 당하는 것으로 수행하는 문을 살라" 하셨듯 나 또한 이렇게 실행하고자 부단히 노력 중이다. 또는 법륜 스님이 "어차피 할 일도 없는데 편안한 마음으로 하라"고 말씀하신 것처럼 조급한 마음이나 잘하려는 마음, 무엇인가 더 큰 깨달음을 얻으려는 마음을 다 버리고 그저 편안한 마음으로, 채워지면 채워지는 만큼, 또한 부족하면 부족한 대로 살아가는 수행을 쌓아가고 있다.

또는 "있는 그대로의 나를 인정하는 것, 이것이 자기 사랑의 시작이다"라 하셨듯이 오늘을 살아가는 내 자신이 주어진 위치에서 내 모습 그대로를 인정하고 늘 겸손하고 낮아지는 자세로서 지금의 나를 아끼고 사랑하며 나에게 일어나는 매 순간마다의 일들을 긍정의 시작으로 받아들이고 내 스스로가 깨어짐으로써 부처님의 가르침을 바로 알고, 실천하는 수행으로 불자의 길을 가고자 다짐해본다.

뿐만 아니라 힘겨운 현실의 삶 속에서 수많은 번뇌로 움츠리고서 고통 속에 절망하는 또 다른 주위 동료들의 불편한 마음들을 헤아리고 어루만지면서 함께 마음을 나눔으로써 보다 가벼운 마음으로 주어진 삶에서 기쁨과 작은 행복을 찾을 수 있도록 노력에 또 노력하며 지낼 것이다.

아침마다 불상에 감로수를 올리며 108배 참회기도를 드릴 때가 지금은 가장 행복하다. 그리고 불교반에서 봉사대원으로서 자부심을 갖는다. 지금은 더없이 평안한 마음으로 덕을 쌓으며 봉사하며 자족할 수 있는 마음들이 바로 깨달음의 결과물이 아닌가 싶다.

수많은 인간관계 중 차별 없이 모든 사람들과 더불어 사랑하고 아끼며, 상대를 더없이 소중한 존재로 인정해주며, 내 주관이 아닌 상대의 주관적 입장에서 헤아려주는 삶으로 살아가는 무량한 마음을 잃지 않고 늘 삶 속에 자비심을 실천하는 삶이길 노력할 것이다.

태양이 어둠을 뚫고 빛날 때 더욱더 환하게 빛나듯 그 어떤 걸림돌도 뛰어넘을 수 있는 자신감을 갖게 해준 부처님의 사랑과 가족의 관심이 나를 360도 돌려놓았고 이제는 앞으로 사회에 나가 그 사랑에 보답하고자 한다. 요즘은 100세 시대라고 하지 않는가. 그렇다면 딱 여기까지가 나의 인생에 전반인데 1막은 실패한 삶이었다면 그동안의 경험과 노력으로 가족을 위한 행복한 2막을 살 것이다.

이곳에서 모든 죗값을 치를 수는 없지만 더 나은 사람이 되기위해, 더 나은 삶을 살기 위해 노력하는 마음으로 살아가고자 한다. 행복을 누리기 위해 오늘도 나는 허리 굽혀 절을 한다.

世閒求自樂　不樂恒極苦
세간구자락　불락항극고

菩薩勤樂他　二利成上樂
보살근락타　이리성상락

세간에서 자기의 즐거움을 구하다가

즐겁지 못하면 언제나 몹시 괴로운데

보살은 부지런히 남을 즐겁게 하기에

두 가지의 이익이 최상의 즐거움을 이룬다.

|

《대승장엄경론》 2권

여여하게
살게 하소서

여여행 최윤주

여여행 발원문

이세상에　태어나서　많고많은　인연중에
불법인연　맺게되어　감사함을　전합니다
부족함이　많은나를　깨어있게　하시어서
앉은자리　법당이요　내마음이　부처이고
모든생명　사랑하는　측은지심　가지었고
내가가진　모든행복　부처님의　가피로다
이웃들도　나와같이　많은행복　누리시고
부처님뜻　깊이새겨　무한공덕　베푸시어
끝이없는　환희심을　마음깊이　느끼시고
바른신심　굳게내어　수행정진　실천하여
단단해진　마음공부　흔들리지　않게하며
앉은자리　꽃자리니　긍정적인　마음가져
지금여기　만족하며　욕심없이　살아가고
살다보면　다시한번　힘든일이　있더라도
마음수행　갈고닦아　다시한번　극복하여
부처님께　지성으로　감사하며　예경하고
모든중생　평등하게　마음깊이　사랑하고
구업으로　다른사람　상처입게　하지말고
성안내는　고운얼굴　미소짓는　밝은마음
보살행을　실천하는　여여행이　되어지고

내가하는　　모든말들　　좋은씨앗　　싹틔워서
이세상에　　선한영향　　끼치도록　　발원합니다.

분별심을　　경계하고　　평상심을　　유지하고
초조하지　　않게사는　　삶의지혜　　터득하고
비교하는　　마음가짐　　버리는게　　수행이니
모든집착　　내려놓고　　순간순간　　깨어있고
지금여기　　이순간을　　사는지혜　　깨달아서
오늘하루　　눈부신날　　아낌없이　　누리옵고
호사다마　　명심하고　　겸손하게　　살아가고
화가날땐　　알아차려　　성냄없이　　해결하고
환한얼굴　　염화미소　　천리만리　　향기롭게
탐욕심이　　일어날땐　　어려운분　　생각하여
상을내지　　않으면서　　나눔생활　　실천하고
한결같은　　마음으로　　부모님께　　효도하고
가족화목　　가정행복　　부모지인　　모두건강
대한민국　　모든근심　　하루빨리　　물러나서
모든국민　　매일같이　　행복하게　　살게하고
염불기도　　수행정진　　일상생활　　자리잡아
내가본래　　갖고있는　　불성으로　　부처되고
탐욕성냄　　어리석음　　번뇌망상　　집착끊고
살며지은　　구업신업　　티끌없이　　사라지고

생사윤회 벗어나서 모두성불 하옵시고
모든중생 부처님의 원력으로 고통없는
불국정토 극락왕생 상품상생 발원합니다.

수행의 공덕, 수자영가들께
회향하며 살겠습니다

묘변 최옥란

만유에 평등하사 일체중생과 함께하시는 거룩하신 세존이시여!

만 중생에게 해탈의 길 일러주신 대자대비하신 부처님께 고두 삼배 올리옵니다.

상서 광명이 우주에 가득한 불기 2565년, 부처님오신날을 앞두고 이 불자 한 떨기 청아한 연등을 받들어 지극한 정성으로 참회하고 발원하옵니다.

자비로운 부처님!

불혹의 나이에 엄마가 되었습니다.

부처님의 가피 아래 눈에 넣어도 아프지 않을 천사를 품에 안게 된 순간, 사생의 몸 받고 태어난 모든 생명 소중하다는 당신의 가르침을 떠올리며 지난날의 부끄러운 저를 되돌아봅니다.

모든 생명 평등하고 존귀하거늘, 이를 깨닫지 못하고 무명으로 얼룩졌던 어리석음을 참회합니다!

준비가 되지 않았다는 이유로, 귀하게 얻은 해외 유학의 기회에 걸림돌이 될 수 있다는 이유로 사람으로 태어나서 제일 하지 말아야 할 업을 지었습니다.

인연 따라 찾아온 두 생명을 낙태했습니다.

오랜 시간을 기다려 인연법에 걸맞은 어미를 알아보고 안식처로 생각해 깃든 영혼들인데, 자기 불안과 탐욕, 출세에 눈이 어두워 무참히 짓밟아 버렸습니다.

그 아이들에게 동의 한 번 구하지도 않은 채 말입니다.

태동을 느껴가며 존재감을 드러냈고 생명의 젖 줄기를 물려가며 애지중지 키우고 있는 아이만 소중한 것이 아닌데, 혜안이 아닌 육안의 눈으로만 판단하고 무지로 가득 차 있었습니다.

찢기고 상처받았을 두 아이의 영혼에 무릎 꿇고 사죄하고 참회합니다.

존엄한 생명의 가치를 가슴에 새긴 참된 불제자로 다시 태어나고자 간절한 마음으로 발원합니다. 구할 바 없는 것을 구하고, 닦을 바 없는 것을 닦는 것이 수행이라고 하지만 조금이나마 수행공덕이 있다면 이번 생을 마감하는 날까지 수자영가들을 위한 기도와 회향을 멈추지 않겠습니다.

지극정성으로 염주를 돌리며 매월 보름날 삼천 배 수행을 해 나가고 그 공덕을 가엾은 아이들께 회향하겠습니다.

생명 있는 모든 것들이 자유롭기를 기원하는 간절한 마음을 담아 지속적으로 방생을 하겠습니다.

부처님께서 전해주고자 하는 이치를 마음으로 헤아려가며 수자영가들에게 부처님의 가르침을 전해주겠습니다.

시공을 초월한 부처님의 진리, 독경과 사경을 통해 그 아이들과 함께 나누고 세존께서 아낌없이 뿌려주신 감로의 단비 고이 저장해 두었다가 오롯이 그들에게 전달하겠습니다.

부처님, 관세음보살, 여러 성현들께 아뢰오니 자비를 드리우사 증명하시고 호념하옵소서.

지혜와 자비 구족하신 부처님이시여!

불전에 향 사루옵고 간절히 발원하옵나니,

항상 마음을 청정히 닦고, 맑은 세상을 만드는 데 역할을 할 수 있도록 가피하여 주시옵고 신심 굳건한 불자가 될 수 있도록 위없는 대자비로 섭수하여 주옵소서.

나무 석가모니불!

나무 석가모니불!

나무 시아본사 석가모니불!

배려와 존중의 마음으로
살겠습니다

현조 박완순

부처님 말씀 따라 순리대로 다짐한다. 마하반야바라밀.

거룩하고도 존귀하신 불 · 법 · 승 3보님께 정성을 다하여 간절하게 귀의합니다.

부처님오신날을 맞이하여 석가모니 부처님의 탄생 배경과 깨달으심의 시간을 다시 한번 상기하며 간절하게 발원합니다.

지금까지 60 평생을 정신없이 앞만 바라보며 탐욕심만 부리고 주변을 둘러보지 않고 달려왔습니다.

이제부턴 부처님 가르침에 더욱더 기도정진할 것을 다짐하오며, 앞만 바라보고 달려오던 발걸음을 멈추고 주변 도반들이 살아가는 모습도 반추해보고 살펴가며 저의 뒷모습도 돌아보고 반성하며 생활하겠습니다.

순리대로 펼쳐지는 자연 섭리에 따라 아름다운 나무도 보고, 꽃도 보고, 새도 보고, 하늘도 보고, 발아래 돋아나는 싹도 보고, 옆도 돌아보며 천천히 쉬엄쉬엄 가겠습니다.

진실되고 덕 높은 도반들을 만나 존귀하신 부처님 법을 함께 공부하고, 기도정진하는 데 시간을 내어 제 자신을 돌아보고 스스로를 성찰하도록 하겠습니다.

너와 내가 없이 모두가 존귀하신 부처님이라 생각하고, 탐욕심을 떨쳐버리고 누구를 대하든지 편견과 분별심을 내지 않을 것이며, 지혜롭게 자비를 베풀겠습니다.

다른 종교 사람들에게도 자비심과 도덕적인 인격을 갖춘 불자로서의 모습을 자랑스럽게 여길 것이며 사회 안정과 행복을 위하여 타인을 배려하고 존중하는 마음으로 생활하겠습니다. 도반들과도 서로 도와가며 차별심, 분별심이 없고 다툼이 없이 욕심을 내려놓도록 기도정진하는 데 더욱더 분발하겠습니다.

거룩하고도 존귀하신 부처님의 법을 배우는 까닭도 사랑과 자비심을 베풀기 위함이니 "이 세상에 영원한 것은 없다"는 제행무상의 법을 실천하겠습니다.

칭찬은 고래도 춤추게 하듯이, 도반들이든지 도반이 아니든지 칭찬을 많이 하며 명품 인생을 살도록 진실되고 정성스럽게 생활하겠습니다. 언제나 불심 잃지 않는 불자로서 거룩하고도 존귀하신 부처님의 가르침에 열심히 공부하고 잘 받드는 불자가 되겠습니다.

가짐이 없음에도 베풂에 아낌없이 할 것이며 보시에 인색하지 않겠습니다.

코로나19로 모두들 어려운 시기인데 이럴 때일수록 주변의 도반들을 더욱 잘 살필 것이며 하루빨리 코로나19가 퇴치되도록 기도하고 부처님 공부와 기도정진에도 게을리하지 않겠습니다.

과거를 후회하지 않고, 미래를 무작정 동경하지 말며 365일을 하루같이 정성되게 오늘을 충실히 살아가는 불자가 되도록 꾸준히, 묵묵히 기도정진하겠습니다.

내가 중요한 만큼 남도 존귀하고 고귀한 부처님이란 것을 깨닫고, 석가모니 부처님 전에 간절하고, 존귀하고, 정성 들여 발원드립니다.

나무 석가모니불, 나무 석가모니불, 나무 시아본사 석가모니불.

이 세상 모든 만물들이
행복하기를

보현심 최정희

거룩한 부처님께 예경하옵니다.
거룩한 가르침에 예경하옵니다.
거룩한 스님들께 예경하옵니다.

부처님!
부처님께서 깨달음을 향해 전 생애를 다 바쳐 마침내 정각을 이루신 후 인류애를 위해 펼치셨던 세상에서 가장 청복한 진리의 그 복덕을 지금 현시대의 저희들은 무지와 어리석음의 극치로 헌신짝 버리듯 가벼이 여기며 만족할 줄 모르고 더 갖고자 하는 욕망에 사로잡혀 앞만 보고 질주하는 인간 상실의 시절을 살고 있습니다.

지금 전 세계에 들불처럼 번진 코로나로 세상 모든 만물들이 절망과 고통으로 신음하며 뜨거운 눈물을 쏟고 있습니다.
이 또한 인간의 끝없는 이기심의 발로이자 한 치 앞도 모르는 무명에 가린 현상에 따른 인과로 빚어진 산물이라 해도 과언이 아니라 봅니다.

부처님이시여!
이 첨단 시절을 살고 있는 저희들에게 물질만능주의가 행복의 척도가 아니며 진정 사람과 사람 사이 마음을 전하며 따뜻한 정과 사람 냄새 진하게 나누는 소박하고도 평범한 일상이 부처님께서 전해주신 진리에 대한 은혜를 갚는 길이라 여깁니다.

한갓 먹고 마시고 즐기는 쾌락만 향유하는 삶 속에서는 진정한 자유와 행복은 결코 발견하지 못한다는 사실을 깨닫기를 크신 님의 대자비심으로 일깨워주시옵소서!

부처님!
발원하오니 세상 모든 사람들이 생명 가진 모든 만물과 자연을 아끼고 사랑하며 더불어 살아가는 존귀한 존재임을 자각하며 그들과 함께 동행하는 삶일 때만이 지구가 병들지 않고 건강하다는 걸 알아가고 또 알아가게 하옵소서!

부처님!
그리하여 나와 남이 둘이 아니라 자타가 하나임을 깨달아 마주하는 대상의 아픔과 절망을 헤아려 보리심으로 함께 갈 수 있도록 지혜와 자비를 겸하게 하여 주시옵소서!
멀게는 미얀마의 비극을 멈추게 하여 불심의 나라, 순수의 나라, 미얀마 국민 모두가 행복하기를, 가까이는 우리나라 조국의 고통받고 있는 모든 만물들이 고통에서 벗어나 행복하기를,
넓게는 이 지구상의 모든 일체 만물들이 행복하기를 발원하고 또 발원하오며 오늘 이 작은 저의 발원이 모이고 모여 부처님 전에 복 많이 짓기를 서원하옵니다.

만 인류의 스승님이신 부처님!

저희 가족이 전생에서 알고 지은 죄 모르고 지은 죄를 일심으로 참회하오니 이 죄업 받아주셔서 들어주셔서 저희들의 죄업은 소멸되고 업보 업장은 해탈 탈겁하여 세세생생 보살행 펴면서 부처님 전에 복 많이 짓기를 발원하옵니다.

나무석가모니불.
나무석가모니불.
나무시아본사 석가모니불.
_()()()_

모든 생명에
평화를

전○○○

부처님! 부처님! 부처님!

저는 부처님 전에 발원드립니다. 저의 남편의 몸 건강해져서 저와 함께 행복하게 살아갈 수 있게 발원합니다.

베트남에 있는 저의 어머니, 아버지, 형제자매 모두 건강히 잘 지내시고 빨리 만나서 반가이 볼 수 있게 되기를 발원합니다. 그리고 이 세상의 모든 살아 있는 생명들이 고통에서 벗어나기를 또한 발원합니다.

나무관세음보살.
나무관세음보살.
나무관세음보살.

부모님을 위한
발원문

항상 우리 곁에 계시며 마음을 밝혀주시는 부처님!

지난 동안 부모님께 지은 죄 모두 참회하옵고 조용히 마음 모아 합장하고 발원합니다. 부처님께서는 부모님 은혜를 하늘보다 높고 바다보다 깊다고 하셨습니다. 이제부터 하늘보다 높고 바다보다 깊다 하신 부처님 말씀대로 부모님 은혜에 감사하며 바르게 살아가는 착한 딸이 되겠습니다. 올바른 행동으로 부모님의 마음을 기쁘게 해드리겠습니다.

부지런히 공부하여 밤낮없이 수고하시는 부모님의 은혜에 보답하겠습니다. 언제나 따뜻한 마음과 사랑으로 저희를 보살펴주시고 아껴주시는 부모님, 언제나 부처님 공경하는 마음으로 부모님을 모시겠습니다.

오래오래 건강하시기를, 하시는 일이 모두 원만히 이루어지기를, 그러나 언제나 부모님 마음에 미소가 가득하시길 발원합니다. 그리하여 부처님의 가피로 행복한 우리 가정이 되기를 두 손 모아 간절히 발원하옵니다.

나무관세음보살.
나무관세음보살.
나무관세음보살.
나무대자비관세음보살마하살.

성불하십시오.
아버지, 어머니, 오래오래 건강하세요.

*

부처님! 부처님! 부처님!

저는 세세생생 부처님의 불자가 되겠습니다. 저는 지금 제가 가야 하는 길이 보이지 않습니다. 부처님께서 저를 평안하고 아름다운 길로 데려다주시기를 발원합니다. 그러하면 앞으로 저의 인생이 봉사하고 희생하면서 참되게 살겠습니다.

나무관세음보살.
나무관세음보살.
나무관세음보살.

나무관세음보살.
나무관세음보살.
나무관세음보살.

나무관세음보살.
나무관세음보살.
나무관세음보살.

부처님! 부처님! 부처님!
대자대비 부처님께 지심 발원하옵니다. 이 경을 수지독송 사경하는 이 공덕을, 수없는 세월 지은 업장 일시에 소멸하고, 제법 실상 근본 도리 다 함께 얻어서 법계에 모든 중생 피안으로 인도하시고, 재소자들 모든 고통에서 빨리 해결되고, 나라가 태평하고 모든 사람 안락하며 부처님의 자비광명 온 누리에 충만하여 부처님 법 왕성하여 정불국토 이루어지이다.

나무관세음보살.
나무관세음보살.
나무관세음보살.

나무관세음보살.
나무관세음보살.
나무관세음보살.

마하반야바라밀다심경
관자재보살 행심반야바라밀다시 조견오온개공 도일체고액
사리자 색불이공 공불이색 색즉시공 공즉시색 수상행식 역부
여시
사리자 시제법공상 불생불멸 불구부정 부증불감
시고 공중무색 무수상행식 무안이비설신의 무색성향미촉법
무안계 내지 무의식계 무무명 역무무명진 내지무노사 역무노
사진
무고집멸도 무지역무득 이무소득고 보리살타 의반야바라밀다
고심무가애 무가애고 무유공포 원리전도몽상 구경열반
삼세제불 의반야바라밀다고 득아뇩다라삼먁삼보리
고지 반야바라밀다 시대신주 시대명주 시무상주 시무등등주
능제일체고 진실불허 고설 반야바라밀다주 즉설주왈
아제아제 바라아제 바라승아제 모지사바하

나무관세음보살.
나무관세음보살.
나무관세음보살.

부처님! 부처님! 부처님!
저는 베트남에 계신 우리 가족 모두 코로나로 어려운 시절에 무사하고 건강하여 제가 고향으로 돌아갔을 때 서로 반가이 만날 수 있기를 발원합니다. 그리고 제가 머무는 이곳의 선생님들과 방 식구 모두 코로나에 안전하기를 부처님 전에 발원합니다.

나무관세음보살.
나무관세음보살.
나무관세음보살.

나무관세음보살.
나무관세음보살.
나무관세음보살.

나무관세음보살.
나무관세음보살.
나무관세음보살.

신행 수기·발원문 공모 안내

불자님들의 지극한 신심과 가피 이야기를 담은
신행 수기·발원문 공모는 해마다
부처님오신날을 앞두고 진행됩니다.

공모 기간
매년 1월 1일부터 4월 30일까지

공모 자격
조계종 신도증 소지한 불자님

공모 메일
sugi@beopbo.com

문의
법보신문 02)725-7014